经典百年海战大观

甲午海战

田树珍/ 编著

民主与建设出版社
·北京·

图书在版编目（CIP）数据

甲午海战 / 田树珍编著 . -- 北京 : 民主与建设出版社，2019.7（2023.4 重印）
（经典百年海战大观）
ISBN 978-7-5139-2504-4

Ⅰ . ①甲… Ⅱ . ①田… Ⅲ . ①中日甲午战争—史料 Ⅳ . ① K256.306

中国版本图书馆 CIP 数据核字（2019）第 103069 号

甲午海战
JIAWU HAIZHAN

编　　著　田树珍
责任编辑　程　旭
封面设计　亿德隆文化
出版发行　民主与建设出版社有限责任公司
电　　话　（010）59417747　59419778
社　　址　北京市海淀区西三环中路 10 号望海楼 E 座 7 层
邮　　编　100142
印　　刷　三河市天润建兴印务有限公司
版　　次　2020 年 5 月第 1 版
印　　次　2023 年 4 月第 2 次印刷
开　　本　710 毫米 ×1000 毫米　1/16
印　　张　15
字　　数　180 千字
书　　号　ISBN 978-7-5139-2504-4
定　　价　49.80 元

前言

大海战 100 年

美国杰出的军事理论家马汉于 1890—1905 年间提出了制海权理论，其核心是“谁能控制海洋，谁就能控制陆地，进而控制整个世界”。因此，掌握全面制海权不仅是海军的核心任务，更是国家的战略目标，人类近代海战史充分印证了马汉这一理论。

近百年来，以美国、英国、法国、德国、意大利、日本为首的军事强国都在优先发展海上力量。在第一、第二次世界大战及近代几次战争中，这些国家通过海上封锁、破坏对方海上运输线、海上决战等方式，在一定海域内获得了制海权，进而实现了控制相关陆地的战略目的。

这其中，留给我们印象最深刻的是两次世界大战，无论是作战规模、作战样式，还是战争的惨烈程度都是空前的。在这两场战争中，海战这一古老的战争类型，由于使用了新武器、新装备，发生了革命性的变化。当德国的“俾斯麦”号和“提尔皮茨”号、日本的“大和”号和“武藏”号、英国的“威尔士亲王”号等超级战列舰被奉为“海战之王”时，以美国为代表的航空母舰及其战斗群横空出世，在一场场血与火的搏杀中表现出色，为美国最终赢得太平洋战争立下汗马功劳，名正言顺地取代了战列舰成为新的“海上霸主”。同时，随着人类科学技术的不断进步，核潜艇的出现又彻底打破了固有的海战模式，其强大的战略、战术威慑力，使之成为令人生畏的深海杀手。

为了再现近百年的大海战全景，我们精心推出“经典百年海战大观”系列丛书。这套书详细地再现了近百年来海战中的经典战例、著名战舰以及一些鲜为人知的人物故事，共20册，每册讲述一个独立的海战故事，书中涉及日德兰之战、珍珠港之战、珊瑚海之战、中途岛之战、瓜达尔卡纳尔之战、莱特湾之战、马里亚纳群岛之战、围歼“俾斯麦”号战列舰之战等海战史上至今仍然被人们津津乐道的经典战役。

进入21世纪，中国人民解放军海军迅速发展壮大，有力地保卫了祖国海防，但中国海军依然任重道远。要保护我们国家的利益，需要建设强大的海军，需要我们比以往任何时候都更加关注海洋、了解海战的历史。

目　录

第三章

战火突起

第四章

血溅黄海

第五章

北洋悲歌

第一章

兴建海军

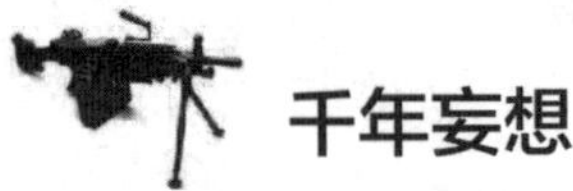

千年妄想

日本是个岛国。因有日本海峡，它历史上没有被大陆势力兼并过。即使是在亚洲乃至世界历史上最强悍的蒙古人横行亚欧时，日本依然保持着独立。在1274年和1281年，忽必烈两次派遣强大的远征军攻打日本，但都由于遇到台风，致使大多数舰船溃散和沉没而失败。

由于这种独特的地理环境，日本人特别自信，特别狂妄。大陆势力征服不了日本这个岛国，日本却时刻想登上大陆，吞并东亚大陆，而且在一次次失败后又一次次向大陆扩充势力。东亚大陆的代表国家中国历史上多个朝代曾被日本人侵略，也曾多次打败了日本人，但日本依然贼心不死。

日本与中国有历史记载的首次官方交往是汉朝时期，那时日本邦国林立，非常落后。自汉光武帝赐予“汉倭奴国王印”后的几百年间，日本人始终是怀着敬仰之心与中原各朝各代政权交往的，虽然这种交往比较少。到了隋唐时期，隋朝和唐朝都空前强大，日本社会也开始步入高速发展时期。日本人多次派人到隋朝和唐朝学习，结果，日本迅速封建化，实力得到了前所未有的发展。日本侵略大陆的野心也随之膨胀起来。

当时，唐朝处在“贞观之治”后的唐高宗时期，实力依旧强劲。在朝鲜半岛上，唐朝、高丽、新罗、百济混战，日本以援助百济为名，入侵东亚大陆。结果，唐军中不太突出的将领刘仁轨率领唐朝和新罗的联军打败了百济军队，并以少胜多干净彻底地消灭了日本远征军。

日本入侵东亚大陆受挫，实力大为衰退，不久进入了混乱的战国时期。日本战国时期，一些在内战中失利的日本武士勾结日本商人以及明朝沿海的不法分子，在明朝东南沿海一带形成“倭寇之患”。日本民间侵占东亚大陆的举动，对明朝沿海各省人民造成了严重损害。明朝大将戚继光、俞大猷等率军抗倭，将入侵的倭寇扫除干净。

日本战国末期，丰臣秀吉武力统一日本，日本的势力又一次强大起来。于是，丰臣秀吉在1592年和1597年两次发动了侵略东亚大陆的战争。这两次战争，日本人都曾占领了朝鲜半岛的一部分领土。但明朝出兵援助朝鲜，两次都打败日本军，几乎全部摧毁了丰臣秀吉所率的日本军。

丰臣秀吉画像

日本人侵略东亚大陆的企图再

次被现实击得粉碎。这次惨败后，整个日本群岛强烈的民族主义转向内部。日本执政的幕府将军采取闭关锁国政策，既不奢望再次侵略东亚大陆，也拒绝一切外来的影响，包括来自东亚大陆国家的影响。日本的闭关锁国政策将它与世界其他国家割裂了 250 多年，直到被迫开放门户为止。

1830 年以后，美国的捕鲸船队逐渐接近日本北海道的北太平洋水域。美国迫切需要在日本获得港口特权，期望通过外交谈判获得港口特权，但被日本拒绝。日本的闭关锁国政策妨碍了美国的经济扩张活动。最终，美国人决定以武力为后盾，强行逼迫日本开放港口。

马修・佩里

美国总统托美国东印度分舰队司令马修・佩里给日本天皇捎去一封私人信件。总统指示佩里与日本谈判有关为在日本的美国侨民和财产承担保护、允许自由进入一个或多个日本港口以补给和贸易的协定。在必要时，佩里可以使用武力。

佩里仔细研究了有关日本的材料以后，决定率领远征舰队闯入日本海港，“先礼后兵”，带着礼物去与日本天皇交涉，并向日本人展示兵力，造成战争压力，迫使日本人答应其条件。佩里率领去日本的分舰队由“沙士魁海纳”号、“密西西比”号划桨快速帆船和“普利茅斯”号、“萨拉托加”号多帆单桅小战船组成。

1853 年 7 月，佩里率领去日本的分舰队停泊在东京湾后，庄重地把总统的信件交给日本天皇的代表——两位皇太子。在等待答复期间，他不顾日本当局的反对，将舰队开到距东京 6 海里以内海面炫耀武力。

日本幕府意识到日本军事力量弱小，最终屈服不可避免，便于 1854 年 3 月底与美国签订了《神奈川条约》。《神奈川条约》规定日本要保障美国侨民的安全，向美国货船开放横须贺和函馆两港，但没有贸易特许权。1856 年，美国人又得到了更慷慨的条款。

这些条款激怒了日本一些地方势力。他们到处插手，派人袭击美英两国的商船。英美动用了两支舰队，狠狠打了日本人一顿，迫使日本人不得不屈服。不过，这些惩罚性措施打开了日本贵族们的眼界。他们开始尊重海上大国，欢迎与其他国家交往，主动接受西方的军事技术。同时，他们也意识到闭关锁国政策的后果，还是原来向外扩张的政策好。

有了这种观念和思想意识后，他们推翻了幕府统治，还政于明治天皇，并推行“明治维新”，全力全面学习西方。当然，他们最先学习也是重点学习的，就是西方国家的陆军和海军。

在幕府将军倒台之前，日本海军就着手进行现代化改造。1865年，日本横滨海军造船厂建成第一批海军船坞和滑台。同时，日本还派大量军官和军官学校学员到英国和美国的各级海军学校学习。

从1874年开始，日本政府委托外国厂家生产军舰，同时在国内竭尽全力生产改进的仿造品。到19世纪最后10年，他们下水的巡洋舰与欧洲建造的一样好。

在这种氛围下，日本侵略大陆的思潮开始抬头，并获得了迅速发展。日本是远离大陆的岛国，担心东亚大陆的强国清朝变成海上

1854年3月31日，日本幕府与美国签订了《神奈川条约》

强国，也担心将领土拓展到东亚的俄国在太平洋沿岸部署强大的海军。但在战略上，由于日本的地理位置，它的实力比较集中，比它的两个假想对手更有地理上的优势。日本军队在数量上比它的两个假想敌弱小，但只要它在海上保持不败，任何敌人都不敢动用全部力量进攻它。不仅如此，当势力强大到一定程度时，它还可以实现其数百年来侵占大陆的梦想。

为加强自身实力，实现其侵占大陆的梦想，日本先着手建立亚洲东海岸的防御屏障，然后对防御屏障包围起来的领土施加控制，最后寻找机会侵占大陆领土。

1876 年，日本人吞并了太平洋上的小笠原群岛。1879 年，日本吞并了清朝的附属国琉球。琉球是一个独立的小岛国，一直向清朝称臣。日本这次侵略实质上是试探清朝的底线。如果清朝援助琉球，打击日本，日本人是无法实现其企图的。但清朝政府居然没有引起足够重视，任凭日本人为所欲为。结果，清朝的附属国琉球变成了日本的冲绳县。

清朝政府对日本侵占琉球事不关已高高挂起的态度进一步刺激了日本的侵略野心，也让日本看出了清朝的虚弱，助长了它侵占东亚大陆的非分之想。台湾和澎湖群岛属于中国，朝鲜名义上是中国的附庸国，日本北边的库页岛为俄国所占领。日本要进一步扩张，必须与中国或者俄国交战。根据当时的情况，日本选择了入侵中国台湾。

1874年，日本派兵登陆台湾，企图将之占据。清军以仅有的战船赴台，将日本人驱逐出台湾。日本人侵略台湾引起了清朝朝野的警惕。恭亲王奕䜣提出了“练兵、简器、造船、筹饷、用人、持久”等6条紧急机宜；原江苏巡抚丁日昌提出《拟海洋水师》章程，入奏建议建立三洋海军；军机大臣李鸿章则提出“暂弃关外、专顾海防”。在洋务派一致努力下，清朝内部持续了很久的“海防”与“塞防”之争最终以“海防”之论压倒“塞防”结束——清朝政府决心加快建设海军。

1875年5月30日，清朝政府下令由沈葆祯和李鸿章分任南北

日本1875年开工建造的“扶桑”号铁甲舰

洋大臣，从速建设南北洋水师，并决定每年从海关和厘金收入内提取400万两白银作为海军军费，由南北洋水师分解使用。

丁日昌

清朝海军分为三洋：北洋水师负责山东及以北之黄海防御；南洋水师负责山东以南及长江以外之东海防御；福建水师负责福建、南海防御。但南洋大臣沈葆祯认为，“外海水师以先尽北洋创办为宜，分之则难免实力薄而成功缓”。清朝政府考虑到主要假想敌是日本，北洋水师负责守卫京师，遂采纳了沈葆祯的建议，先创设北洋一军，等北洋水师实力雄厚后，“以一化三，变为三洋水师”。北洋水师的成军之路由此开始。

直隶总督、北洋大臣李鸿章受命创设北洋水师。他在英国订造4艘炮船，开始了清朝向国外订购军舰的历史。1879年，李鸿章又向英国订造了“扬威”号撞击巡洋舰和“超勇”号撞击巡洋舰。由于对英国定造的军舰不满意，经过反复比较后，李鸿章向德国订造了“定远”号、“镇远”号铁甲舰。1881年，李鸿章先后选定在旅顺和威海两地修建海军基地。1885年，海军衙门成立，李鸿章遣驻外公使分别向英国和德国订造了“致远”号、“靖远”

号防护巡洋舰和“经远”号与“来远”号装甲巡洋舰。1888 年 12 月 17 日，北洋水师正式宣告成立，并于同日颁布施行《北洋海军章程》。从此，清朝正式拥有了一支在当时堪称世界第六、亚洲第一的舰队。

但腐败不堪的清朝政府并未因为花钱购买军舰建立了现代化海军就能巩固国防、摆脱被列强侵略的弱国地位，也并未阻吓住日本侵略的野心。相反，却因拥有强大的海军而默认日本强迫朝鲜签订的《江华条约》，导致日本势力侵入朝鲜，从而拥有了与清朝开战的基地，同时也坚定了日本打败清朝的信心。

北洋水师的基地旅顺港

★北洋水师提督丁汝昌

丁汝昌（1836—1895），字禹廷，安徽庐江县人。他早年参加太平军，当太平军大势已去时，叛投湘军。当时，曾国藩命令李鸿章组建淮军，支援上海，丁汝昌从此成为李鸿章部下。1864年，太平天国败亡。曾国藩北上督师剿捻，李鸿章署理两江总督，办理后勤。丁汝昌升为副将，统帅先锋马队三营，北上与捻军作战。1874年，丁汝昌被罢职归田，闷闷不乐。其妻魏氏出身书香门第，颇有见识，安慰他："家有薄田数亩，足以饱腹。大丈夫建功立业，自有时也，姑待之。"家居数年，丁汝昌想到李鸿章身居直隶总督兼北洋通商大臣，便前往天津投靠。李鸿章素知丁汝昌"才略武勇"，对他说："今吾欲立海军，乏人统帅……当以此任相属。"当时，陕甘总督左宗棠正在指挥西征收复新疆的战事，因素知丁汝昌作战英勇，遂奏请将其发往甘肃差遣。李鸿章不愿丁汝昌西行，便以丁汝昌"伤病复发"为由，把他留在身边。后来，李鸿章举荐丁汝昌为北洋水师提督。

丁汝昌

马尾惨败

日本强迫朝鲜签订《江华条约》6 年后，朝鲜发生了一次政变，但很快被水洋水师平息。朝鲜事变平定的消息传到北京，大小京官大为兴奋：北洋水师第一次对外行动能取得如此成绩，让清朝政府也体会到了海军快速机动的性能和战斗力。但清朝政府的外交却很幼稚，在海陆大军齐集仁川、汉城时，居然让朝鲜和日本签订了《仁川条约》，赔偿因战乱致死的日本人 50 万元，并允许日本在朝鲜驻兵，“保障日本商人安全”。这方便了日本的进一步侵略。

还没等清朝政府醒悟《仁川条约》会带来什么危害，西南也出了事——法国人侵略越南后，进而想入侵中国云南。而这次事件导致年幼的福建水师遭到沉重打击，给北洋水师带来了挥之不去的阴影——导致其后来与日本海军作战时消极地“避战保船”。

中国与越南山水相连、唇齿相依，自古以来关系密切。第二次鸦片战争期间，法国便开始武力侵略越南。1882 年后，法国政府命海军司令李维业指挥侵略军侵犯越南北部。越南朝廷一再要求清朝政府派军应援。清朝政府鉴于形势，命令滇桂两省当局督饬边外防军扼要进扎，但强调“衅端不可自我而开”。法国人却不讲什么道理，屡屡挑衅。1883 年 5 月，刘永福率黑旗军在越南怀德府纸桥进行决战。李维业及手下30余名军官、200余名士兵被击毙。法军被迫退回河内。

张之洞

法国利用李维业之死，竭力煽动全面侵越战争。除增援陆军外，法国还成立北越舰队，调兵遣将，积极部署。之后，法军一面在北越加紧攻击黑旗军，一面派军舰进攻越南中部，迫使越南签订了《顺化条约》，取得了对越南的保护权。

随后，法国政府向清朝政府提出：承认法国对整个越南的殖民统治，并向法国开放云南的蛮耗为商埠，为法国打开云南的门户。

鉴于中越两国的特殊关系和法国侵越对清朝造成的严重威胁，以左宗棠、张之洞为代表的主战派力促朝廷采取抗法方针。但是，清朝最高决策机构举棋不定。在军事上，清朝政府一面派军队出关援助越南，一面又再三训令清军不得主动向法军出击；在外交上，清朝政府一面抗议法国侵略越南，一面又企图通过谈判或第三国的调停达成妥协。这种自相矛盾的举措大大便利了法国的侵略部署。

1883年12月，法国东京海域分舰队司令孤拔受命为北越法军统帅。孤拔决定向红河三角洲的清军防地发动攻击。法军依靠优势装备一路猛进，清军被迫一再败退。

得悉前线军事挫败的消息后，慈禧太后发了火，借朝臣弹劾恭亲王奕䜣，全面改组军机处。恭亲王奕䜣等被黜退，礼亲王世铎代之，庆亲王奕劻主持总理各国事务衙门，而实际大权操在醇亲王奕譞（光绪皇帝生父）的手中。慈禧太后授权李鸿章与法国代表举行和谈。

慈禧太后突然以追究中法战事失利的责任为由，下令罢免恭亲王奕䜣的职务，有深刻的原因。

慈禧太后垂帘听政的养心殿东暖阁

恭亲王奕䜣与慈禧太后的关系非同一般。二人在咸丰帝死后曾结成政治联盟，把八位顾命大臣一网打尽，开创了慈禧太后垂帘听政的局面。但作为首席军机大臣，恭亲王奕䜣仍是慈禧太后的心病——他反对重修圆明园，令慈禧太后十分不快。

1884 年，慈禧太后命运攸关的时刻到了：光绪皇帝已 15 岁，不久就要“归政”。到那时，强有力的恭亲王奕䜣无人可以驾驭，而醇亲王奕譞却好控制得多。于是，慈禧太后借朝廷内有人弹劾恭亲王奕䜣战略安排不当、战事调停不利等为由，将他拉下马来。

李鸿章与法国代表福禄诺在天津签订了《中法会议简明条约》，同意对法国与越南之间“所有已定与未定各条约”一概不加过问，也承认法国对越南的“保护权”，同意在中越边界开放通商等条款。

之后，福禄诺交给李鸿章一份照会，单方面规定了法国在越南北部全境向清军原驻地“接防”的日期。法军到谅山附近的北黎地区“接防”时恃强前进，开枪打死了清军代表，并炮击了清军阵地。清军被迫还击。交锋两日，法军死伤近百人，清军伤亡更重。

法国以此为扩大战争的借口，照会清朝政府，通饬驻越军队火速撤退，并赔偿军费 25000 万法郎（约合 3800 万两白银），并威胁称法国将占领中国一两个海口当作赔款的抵押。

清朝政府虽然认为这是无理勒索，但仍派两江总督曾国荃在上海与法国公使巴德诺谈判，以求解决争端。巴德诺与曾国荃进行谈判的同时，法国将自己在中国和越南的舰队合成远东舰队，任命孤拔为统帅，乘机分别开进福州和基隆，一方面胁迫清朝政府接受法国的条件，一方面准备随时发动攻击，占领福州和基隆。

1884年8月，法国军舰炮击基隆，强行登陆。清军在督办台湾事务大臣刘铭传统率下顽强抵抗，迫使法军不得不退回海上。不久后，法国军舰又开到福建。随后，法国政府拟定新条件，向清朝政府勒索，要求赔款8000万法郎，十年付清。

此刻，福州马尾港危机四伏。从闽江上游的马尾造船厂到罗星塔与乌龙江汇合处的江面上，首尾相接地锚泊着福建水师的十多艘军舰。

说是军舰，其实仅仅有“福星”号、“济安”号、“飞云”号和“振威”号炮舰共计4艘炮舰。还有1艘是作为旗舰的“扬武”号轻巡洋舰，另7艘是武装运输船。

这些军舰是福建水师的全部家当。其中，除了2艘炮艇有装甲防护外，其他都是马尾造船厂制造的“木壳军舰”。整个舰队总排水量为9900吨，官兵1100人，舰炮47门，且舰炮多数为小口径的旧式前膛滑膛炮。

与福建水师相对峙的，是锚泊在下游的由孤拔指挥的9艘法国军舰。它们是法国远东舰队的主力，总排水量15 000余吨，官兵1700余人，舰炮77门，并配有机关枪若干挺。法国军舰多为有装甲防护、火炮口径大、技术装备先进的新型军舰。

此时为中法战争期间，但奇怪的事情却发生了——在两国处于战争状态下，法国军舰竟然以“游历”的名义大摇大摆地驶进了清军的海军基地，同清朝军舰一起锚泊在闽江与乌龙江汇合处不足1000米宽的江面上。

张佩纶

在半个多月里，双方居然和平共处，相安无事。为了表示中国人的“好客”，福建船政大臣何如璋甚至还派人给法国军舰送去食品。农历六月二十六（8月18日），时逢清朝皇帝万寿节，为了表示庆祝，法国舰队还命令所有军舰同清朝的军舰一起挂起了五颜六色的万国旗。

但是，双方军舰实际上昼夜都处于高度戒备状态，舰桥和炮位上随时有官兵待命——随时都可能爆发大战。

20余只武装民船在江面上游荡，船上装满了硫黄和发火罐。按照福建会办海防钦差大臣张佩纶的计谋，准备一旦开仗后，20余只武装民船就冲向法国军舰，来个“火烧赤壁”。在另外几十只小船上，还有招募来的几百名装扮成商人的壮丁，个个藏刀于怀中，准备在一声号令下登上法国军舰与法国人短兵相接。

在北京紫禁城，慈禧太后召集御前大臣、军机大臣、六部九卿

福建水师旗舰“扬武”号轻巡洋舰

等大员，就战和大事举行廷议。李鸿章认为，不能再继续打了，目前清朝海军还没练成，如果战败，必然要赔偿，而且到时法国人要求的数目会更大，不如现在就接受法国人的条件。

主战派的陈宝琛、张之洞等人纷纷斥责李鸿章：“李大人每年耗费国家几百万两白银练兵建海军，一到国家有事，却又一味议和，是何居心？”“李大人有意夸大洋人声势，恫吓朝廷，为的是掩盖其贪生怕死、营私牟利之计。”年逾73岁的左宗棠大声说：“中国不能永远屈服于洋人，与其赔款，不如拿赔款作战费。”

殿里斥责声、反驳声一片，慈禧太后也觉得没必要再向洋人示弱，下定了决心：打！慈禧太后任命左宗棠为督办福建军务钦差大臣，赴福建指挥作战。

李鸿章只得摇头。其实，他并非一心想议和，也是不得已而为之。他认为，与西方的坚船利炮相比，清朝的军力太薄弱，而且北洋水师尚在初创阶段，其战斗力根本无法与法国海军相抗衡。

法国舰队旗舰“窝尔达”号装甲巡洋舰

如果硬要拿鸡蛋往石头上撞，那么其结果将是耗费国家巨额银两、苦心经营多年、他付出全部心血的新式海军毁于一旦。再说，他的海防重点在北方，战略假想敌是日本，他不愿扩大与法国的战事，两面受敌。但是，面对进入闽江的法国军舰，李鸿章和福州的军政大员一样手足无措，对法国人是否会袭击中国军舰半信半疑。再说，朝廷也有命令，决不允许清军首先开火。

8 月 17 日，中法谈判破裂。福建水师仍在执行朝廷不得主动出击的禁令。8 月 22 日，法国政府电令孤拔：消灭福建水师。

8 月 23 日上午，法国舰队旗舰上放下一只小艇。几名法国士兵直接划到福建水师旗舰“扬武”号轻巡洋舰舷边，送来一封战书，要求在当日 14 点开战。

13 点 56 分，马尾船港暴雨倾盆，法国舰队突然开炮。法国旗舰“窝尔达”号装甲巡洋舰挂起了发起进攻的红色信号旗，江面上顿时响起阵阵猛烈的炮击声。此时，闽江退潮，清军军舰全都面向上游系锚，尾部面向法国军舰，火力较强的前主炮无法使用。被位于下游的法国军舰一顿狠揍后，福建水师陷入一片混乱。

江面上的战斗仅持续了 7 分钟，福建水师就失去了作战能力。半小时后，福建水师全军覆没。

第二天，马尾造船厂和福州船政学堂被法国军舰轰毁。

福建水师惨败后，慈禧太后严令北洋水师和广东南洋水师派舰只增援福建。李鸿章先是多方推托，后见慈禧太后真的发了火，才派从英国购买的“超勇”号撞击巡洋舰和“扬威”号撞击巡洋舰南下，会同南洋大臣曾国荃调派的5艘军舰共同增援福建。

法国舰队却迅速封锁台湾，攻占澎湖列岛，断绝南粮北运通道，肆意横行在中国东南沿海。

马尾海战中遭到袭击的清军舰队

★马尾海战

1884年（光绪十年），法国远东舰队司令孤拔率6艘军舰侵入福建马尾港，停泊于罗星塔附近，伺机攻击福建水师。清朝政府下令“彼若不动，我亦不发”“无旨不得先行开炮，必待敌船开火，始准还击，违者虽胜尤斩”。7月3日，法国军舰首先发起进攻。清军主要将领畏战，弃舰而逃，福建水师各舰群龙无首，仓皇应战。福建水师的舰只还没来得及起锚，就被法国军舰的炮弹击沉两艘，重创多艘。福建水师对法国军舰展开英勇还击，但是由于未作任何军事准备，加上装备落后、火力处于劣势，海战不到30分钟，福建水师11艘军舰和运输船（其中，“扬武”号、“济安”号、“飞云”号、“福星”号、“振威”号军舰和“福胜”号、“建胜”号、

“永保”号、“琛航”号运输船被击毁，另有“伏波”号、“艺新”号两艘军舰自沉）沉没，官兵阵亡521人，伤150人，下落不明者51人。福建水师几乎全军覆没。而法军仅5人死亡，15人受伤，3艘军舰受伤。

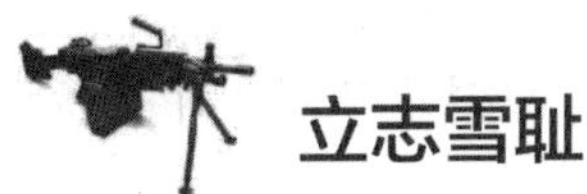

立志雪耻

法国人在海上占上风时，却在陆地上吃了败仗。1885 年 3 月，清朝陆军在老将冯子材指挥下，在镇南关、谅山大败法军。可作为战胜的一方，清朝政府却主动与法国签订了中法《停战条件》。

清朝政府不败而败，法国不胜而胜，除了清朝政府的怯懦、软弱外，还与清朝面临两面受敌的危险有关。因为在马尾海战后不久，朝鲜那边又出了麻烦，日本趁机在朝鲜增兵。

1884 年 12 月 4 日，当清朝跟法国在越南打仗时，朝鲜亲日贵族青年在日本人的支持和怂恿下发动了“甲申政变”，劫持了朝鲜国王，组成亲日政府，扬言要断绝同中国的宗主国关系。日本人趁虚而入，政变刚发生，就派“扶桑”号铁甲舰和“比睿”号铁甲舰驶赴仁川。

面对这种局势，李鸿章急令北洋水师的“超勇”号撞击巡洋舰、“扬威”号撞击巡洋舰、“威远”号炮艇驶赴朝鲜。“超勇”号、“扬威”号撞击巡洋舰其时正准备会同南洋水师投入对法国作战，不得不仓促北返。

中法战争结束后，清朝政府又忙着解决朝鲜问题。日本内阁总理大臣伊藤博文来华，和李鸿章签订了《天津条约》。《天津条约》

第 3 款规定："今后朝鲜若有重大变乱事件，中日两国彼此出兵之前先行文知照，事完后即撤回，不许留防。"这意味着朝鲜已成为中日两国的保护国。条约签订后，两国都从朝鲜撤退了军队。从汉城撤回的清军移防旅顺。

这一切都是因为清朝海军太弱。中法交战期间，李鸿章焦虑的事情就是已经建成的"定远"号铁甲舰、"镇远"号铁甲舰和"济远"号防护巡洋舰被困在欧洲，久久不能启程回国。李鸿章深信，

1890 年 4 月拍摄到的日本"比睿"号铁甲舰

“济远”号防护巡洋舰的前主炮

只有铁甲舰才能使清朝挺直腰杆，可眼睁睁地看着自己的铁甲舰被扣在远方长达两年之久。他和驻德国公使李凤苞电报往来，万般无奈，忧心如焚。

为抵制朝鲜的亲日势力，牵制闵妃集团，李鸿章奏准朝廷，决定释放前些年被北洋水师带到中国的朝鲜大院君李昰应。李昰应请求清朝政府派人护送他回去。李鸿章觉得如果派丁汝昌去，怕日本人说是清朝军队重返朝鲜，便派了袁世凯。

袁世凯在朝鲜住过不少时间，人熟地熟，再加上颇有办事能

袁世凯

力，用他最合适。一周之后，以袁世凯为首的使节团在天津上船。大院君等20余人，在大沽改乘“镇海”号炮艇开赴朝鲜。

1885年10月3日，大院君一行到达仁川港，但码头上却见不到来迎接的朝鲜使者——这无疑是闵妃一党对大院君派的宣战。

送大院君的任务完成后，袁世凯回到天津，向李鸿章汇报了朝鲜的情况：朝鲜已成为国际政局的一大焦点。除中日两国之外，近两年来，英国、美国、德国、俄国、意大利等国分别同朝鲜缔结了条约，听说法国也在进行活动，俄国还任命了驻朝鲜公使。外国已开始重视朝鲜，清朝最好也指派一位驻朝公使。

李鸿章明白袁世凯的意图，也很欣赏他的才干。于是，李鸿章向朝廷上奏，不但说袁世凯“胆略兼优，能识大体”，还说是朝鲜国王李熙要求派遣“熟谙朝鲜国俗，时务练达的袁舍人”。光绪皇帝下谕：“以道员任用，加三品衔。”就这样，刚满26岁的袁世凯当上了清朝驻朝鲜公使。

处理好朝鲜这边的事后，慈禧太后开始算马尾海战的账。福建水师全军覆没，法国人气焰嚣张，占领了越南，令慈禧太后很不悦。她在朝廷上发火："中法这次立约完全是草草了事，朝廷吃亏在水师力量不强大……大清海防筹备多年，到今天却看不到一点成效！"

慈禧太后生气，大臣们的日子都不好过。朝廷下了道措辞严厉的谕旨称，"各抒己见，切实筹议，迅速具奏！""和局虽定，海防不可稍弛"，中法战争之败的教训正是"……上年法人寻衅，陆路

"致远"号防护巡洋舰士兵合影

各军屡获大胜，尚能张我军威，如果水师得力，互相应援，何至处处受敌牵制！”“当此事定之时，自以大治水师为主！”

第二次海防大筹议马上在全国范围内展开了。

其实，早在几个月前，钦差督办福建军务的左宗棠所呈《请旨政议拓增船炮大厂以图久远折》，实为这次海防之议的先声。他指出:“海防以船炮为先，船炮以自制为便，此一定不易之理也。”中国所制各船，“多仿半兵半商旧式，近年虽造铁制快船，较旧式为稍利，然仿之外洋铁甲，仍觉强弱悬殊。船中枪炮，概系购配外洋兵船所用，又有多寡利钝之分，所以衅一开，皆谓水战不足恃也”。因此他主张仿造铁甲船与后膛巨炮，称此为“国家武备第一要义”。他还说:“臣老矣，无深谋至计可分圣主忧劳，目睹时艰，不胜愧愤。唯念开铁矿、制船炮各节事虽重大，实系刻不容缓。”

慈禧太后被左宗棠之忠心言辞着实感动了，采纳了他的建议，还提出了“大治水师”的海防新目标，使这次海防之议得以升华。

清朝政府谕旨下达后，左宗棠又率先呈递《选派海防全政大臣折》，主张统一海军指挥权。他指出:“海防无他，得人而已。今欲免奉行不力之弊，莫外乎慎选贤能，总提大纲，名曰‘海防全政大臣’，或名曰‘海部大臣’。凡一切有关海防之政，悉由该大臣统筹全局，奏明办理。畀以选将练兵、筹饷、造船、制炮之全权，特建衙署驻扎长江，南拱闽粤，北卫畿辅。”然而在1885年9月，左宗棠病故。

慈禧太后在感伤失去这位栋梁之后，一边督促“建设海军”，一边忙着巡看“三海”——倒不是清朝的海防边界，而是皇家湖泊。当年英法联军一把火烧了圆明园，弄得慈禧太后想找个养老的安静地方都没了。现在光绪皇帝已经长大，意味着她要卷帘归政——将“三海”修缮，正好颐养天年。

仅仅半天，慈禧太后就把北海、中海、南海（北海即北海公园，中海、南海即现在的中南海）三处都逛了个遍。需要重修的园林、台阁，估计有九十几处，但她还是觉得差了点什么。

就在慈禧太后想修“三海”时，两广总督张之洞、两江总督曾国荃的海防折子到了。两个地方大员都支持朝廷开设水陆学堂，建造炮台，大量购买铁甲舰。但他们最终的落脚点是钱——关键问题是要钱！要大量的钱！

左宗棠

李鸿章的奏折也到了，除了支持张之洞、曾国荃之外，和左宗棠一样，也提出要建立一个统筹全国海军的机构——海军衙门，并且提议让一个“深明防务”的大臣统一领导，对沿海各省的封疆大吏有指挥和调度之权。李鸿章的意图很明显——海军衙门头头的最好人选非己莫属。

此时，却发生了让张之洞、曾国荃、李鸿章等人都意想不到的事——慈禧太后大力发展海军的热情突然转变了——她关心的重点不再是加强海防，而是修园子，建一个颐养天年的好住所。

慈禧太后召集大小臣工商量："三海"的地域太狭小，而且不够清净，与其修"三海"，不如修圆明园！

修圆明园？大小臣工都呆住了：那是个多大的工程啊？粗算也得花2000万两白银！从光绪元年到光绪六年，北洋水师的海防经费总共才有483万两；在德国订购一艘最先进的铁甲舰，加上枪械弹药，才140万两。修园子的钱，可以再建几支海军舰队！朝廷之上，大臣们面面相觑，鸦雀无声。

见此，慈禧太后的脸色沉了下来。醇亲王奕譞马上觉察到气氛不对，赶紧站出来，说圆明园工程浩大，不如暂缓，自己愿意负责"三海"工程，以体现"大清皇家威仪"，等等。

醇亲王奕譞是光绪皇帝的生父，只要自己的儿子能亲政，无论慈禧太后要修什么，即使是修阿房宫，他也认为是小事，也会毫不犹豫答应的。六王爷恭亲王奕䜣就是因为不同意慈禧太后修圆明园，并且屡次与她作对，才在中法战争之时被寻了个借口整下台养老去的。六王爷的前鉴历历在目，七王爷醇亲王奕譞绝对不会重蹈覆辙。对他而言，只有耐心等光绪皇帝亲政，慈禧太后卷帘归政，他的主张才有实现的机会。

出乎意料的是，慈禧太后下令：由醇亲王奕譞总理海军事务，所有沿海水师，均受其调遣，庆亲王奕劻、直隶总督李鸿章会同办理，正红旗汉军都统善庆、兵部侍郎曾纪泽帮同办理。

海军衙门最高统帅部人员的构成很奇妙：从总理大臣、会办大臣、帮办大臣到参领，旗人占了九成。第一、二把手是“德高望重”的醇亲王奕譞和庆亲王奕劻。李鸿章久办洋务，经验丰富，又有初具规模的北洋水师为实力后盾，才坐第三把交椅。至于曾纪泽，虽通晓西学，具备海军知识，却是第五把手。尤其有趣的是，这5位主要领导都兼任着大量其他职务，竟无一人专司其事。

李鸿章

海军衙门总理大臣醇亲王奕譞是个彻底的海军外行，并不清楚自己该做什么事情，他只关注两件事：一是慈禧太后想修“三海”、修圆明园，海军衙门的经费可以奉送一些；二是海军衙门的消息传出后，王公大臣纷纷托关系将自己的儿子往里面送，他要处理妥当，不能得罪任何一个有实力有背景的人。

直隶总督李鸿章深知官场险恶，朝廷由慈禧太后垂帘听政，在朝廷中枢掌握大权的全是王公贵族，都是满人，汉族大臣从来就没进过权力中枢，要想在朝廷中站得住脚，必须找个在朝中掌大权的王爷做靠山。恭亲王奕䜣倒了，现在最好的大树就是光绪皇帝的生父醇亲王奕譞了。

到海军衙门报到后，李鸿章立即同奕譞搭上了关系。他在北京整整住了20天，除了送上大批贵重礼品外，几乎每天必到奕譞府上请安，赢得了奕譞的好感。

1885年10月12日，海军衙门正式成立。但由于经费和人才不足，清朝政府下旨："先练一军……查北洋屏蔽畿辅，地势最为扼要，现有船只亦较他处稍多，拟请先从北洋开办精练水师一支。"

11月17日，北洋水师在德国订购的"定远"号铁甲舰、"镇远"号铁甲舰和"济远"号防护巡洋舰抵达天津大沽。

清朝政府确实想发展海军。在第二次海防之议推动下，李鸿章加快了购舰、营建海军基地和北洋水师成军的步伐。李鸿章分别向英、德两国订了2艘巡洋舰。4艘船于两年后驶抵天津大沽口。英国制造的两舰被命名为"致远"号防护巡洋舰和"靖远"号防护巡洋舰，德国制造的两舰则被命名为"经远"号装甲巡洋舰和"来远"号装甲巡洋舰。这4艘巡洋舰与之前购买的"定远"号铁甲舰、"镇远"号铁甲舰和"济远"号防护巡洋舰一起构成了北洋水师的主力舰只。

北洋水师的“镇远”号铁甲舰

在醇亲王奕譞的支持下，李鸿章又从英国、德国订购了 6 艘鱼雷艇，构成北洋水师鱼雷艇队的基本力量。

在营建北洋水师基地方面，李鸿章认为大沽已不适应形势的要求，决定经营旅顺和威海卫两个基地。1886 年，旅顺基地的海岸炮台完工。4 年后，旅顺基地的船坞工程竣工。1887 年，威海卫基地海防工程全面展开，逐步成为北洋舰队的长久驻泊之区。威海和旅顺各建有提督衙门，成为北洋水师的两大基地。

★清军“定远”号铁甲舰

铁甲舰，顾名思义，是在军舰外层包上厚厚的铁甲，用来抵御攻击。“定远”级铁甲舰是清朝委托德国伏尔铿造船厂制造的 7000

吨级的铁甲舰。“定远”级铁甲舰有两艘，分别为“定远”号铁甲舰及“镇远”号铁甲舰，它们于1885年开始服役，成为清朝北洋水师的主力战舰，而“定远”号铁甲舰同时为北洋水师的旗舰。

“定远”号铁甲舰与“镇远”号铁甲舰的装甲厚305～356毫米，主要武装为4门305毫米口径的主炮。它们是北洋水师的主力，服役时是远东最大的军舰。其排水量：标准排水量7144吨，满载排水量7335吨。其尺寸（长/宽/吃水）：90米/20米/6米。

第二章

北洋水师

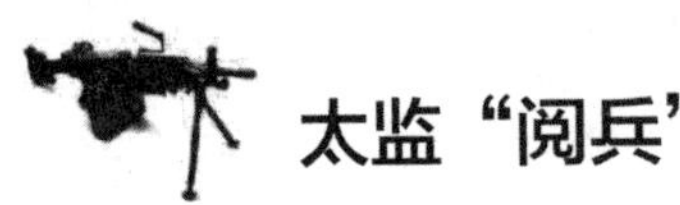

太监“阅兵”

1886年5月，在天津，李鸿章忙得不可开交，他请旨由醇亲王奕譞视察北洋水师，慈禧太后答应了，但另外指派了大红人太监李

善庆、醇亲王奕譞、李鸿章（左起）巡阅北洋水师时留影

莲英陪行。

李鸿章与奕譞关系亲密，接待他容易，但李莲英是慈禧太后身边的红人，与海军没有丝毫关系，却被慈禧太后派来参加检阅。李鸿章必须做好接待工作，摸清楚李莲英此行的目的，摸清楚慈禧太后这样安排的意图何在。

15 日上午，醇亲王奕譞的长龙船在一艘小火轮牵引下向天津缓缓驶来。长龙船由 200 多名纤夫拉行，专门赶来迎接的李鸿章护立在奕譞身边。在奕譞身边，还站着都统善庆、文案恩佑、大太监李莲英。

在几番客套的接风洗尘之后，5 月 18 日，“海晏”号轮船载着醇亲王奕譞、李鸿章和李莲英等人离开大沽码头，驶向旅顺。

此行阵式相当壮观，有 8 艘威武的军舰护航在“海晏”号轮船左右舷。这 8 艘军舰分别是北洋水师的“定远”号铁甲舰、“镇远”号铁甲舰、“济远”号防护巡洋舰、“超勇”号撞击巡洋舰、“扬威”号撞击巡洋舰，以及南洋水师的“南琛”号巡洋舰、“南瑞”号巡洋舰和“开济”号巡洋舰。

不仅如此，在编队后方，还有北洋水师的“镇远”号、“镇西”号、“镇南”号、“镇北”号、“镇中”号、“镇边”号 6 艘炮艇警戒护送。

让醇亲王奕譞感到震惊的是，行驶在“海晏”号轮船前方两侧的两艘巨艘——“定远”号铁甲舰和“镇远”号铁甲舰。

“定远”号铁甲舰和“镇远”号铁甲舰身如城墙，粗大的烟囱喷出的浓浓黑烟遮天蔽日。舰首4门粗粗的主炮威严地排列在钢甲炮塔中，俨然一座海上的巨型炮台。舰首锋利的冲角犁开波涛，飞溅的浪花竟有十多丈高。与之相比，排水量不足1000吨的“海晏”号轮船简直就像巨型龙舟下的一条小舢板。

醇亲王奕譞虽然生活在京城，经常出入紫禁城，见过不少世面，但对眼前这雄伟壮观的场面还是非常惊奇，觉得耳目一新。当他听说“镇远”号铁甲舰和“定远”号铁甲舰在西洋各国也不过只有数十只，在远东算最大的时，兴奋之神情溢于言表，当场大大夸赞李鸿章。李鸿章当然高兴，安排部下务必将演习搞得完美无缺。

5月19日上午，旅顺海湾中，北洋水师和南洋水师各调集4艘军舰，为醇亲王奕譞作了一次海上实弹演练。

奕譞登上黄金山炮台，手举德国造单筒望远镜，看到8艘军舰以“定远”号铁甲舰和“镇远”号铁甲舰为中心，按旗语的指挥，一会儿一字长蛇阵摆开，一会儿鹰扬双翼阵摆开……

“轰轰”，海上突然传出闷雷般的炮弹爆炸声，实弹射击开始了。“定远”号铁甲舰和“镇远”号铁甲舰305毫米口径的主炮首先发炮，各舰主炮随后一阵齐射。顿时，海湾地动山摇，几千米外作为靶船的一艘木船立即消失在成群炮弹激起的冲天水柱中。

炮声刚停，5艘鱼雷艇又从浅水区冲出。它们先是发射练习

北洋水师的舰员

雷，5 枚鱼雷入水后箭似的向前冲去，在海面上划出 5 条白色的浪迹。接着，速度最快的“左一”号鱼雷艇进行了实弹攻击。一枚鱼雷飞速冲向 3000 米外的目标，“轰”的一声，另一只靶船随即化为粉末。

午后，各海岸炮台也进行了实弹射击表演。

4 年前，旅顺成为北洋水师的军港后，在陆续修建码头、船坞等设施的同时，李鸿章聘请德国军官为监督，陆续在旅顺口周围的黄金山、馒头山、蛮子营、威远台、老虎尾、牧猪礁、崂律嘴等制高点上修建起了海岸炮台，安装了 120 ~ 240 毫米口径的德国克虏伯大炮，其炮火足以控制旅顺口周围及海湾十数里范围。

此时，号令一下，各炮台的火炮依次每门发射 3 发实弹，连环射击，此起彼伏，霎时间山摇地颤，蔚为壮观。

在随后的时间里，醇亲王奕譞的兴致越来越高，享受了清朝历代亲王都没享受过的待遇。

20 日，醇亲王奕譞登上“海晏”号轮船出海，在海上会见了前来拜谒的外国海军司令，然后在军舰护卫下离开旅顺，到威海、烟台一带巡视，再返抵大沽，所到之处的排场与皇帝出巡差不了多少。

南北洋会操时，停泊在旅顺东澳内外的南洋水师舰船和北洋水师舰船

21日，奕譞观看了大沽南、北炮台的枪炮实弹射击和施放水旱雷的表演。为了取悦醇亲王奕譞，李鸿章下令引爆从外国购回的价格昂贵的8枚水雷，将场面搞得宏大而热烈。

醇亲王奕譞

22日，奕譞等一行回到天津，参观了海光天津机电局。在鱼雷厂，见到学徒幼童“惊惧下拜”“不敢仰视”，奕譞慈祥而又和蔼地让他们坐下，同他们谈笑，“各赐顶戴嘉勉”，还破例在鱼雷厂和工匠们一起吃了一碗“疏面”，兴致颇高之余，将他的威风和慈爱淋漓尽致地表现出来。

23日，醇亲王奕譞等一行到八里台阅操。在北洋水师乐队欢乐的乐曲中，他们登上校阅场上搭建的演武厅。入座后，淮军提督周盛波亲自上茶并奏送演操阵图。“盛字”营2500人手操德国造新式毛瑟步枪，为奕譞等人表演了德国式步队操法，“步伐整齐，一丝不乱”。

24日，奕譞等一行到东局水师学堂视察。奕譞兴致勃勃地观看了学生们做洋功课，对教习和学生“慰勉有加”。对李鸿章的部下们，奕譞也随进随出，和蔼相待，亲切慰勉。在巡阅中，他赏给北洋将士的白银达13000两。他甚至还让随行的一位外国照相师给北洋水师的“上至提督总兵，下至护卫马弁”每人各照相一张。用这种当时不多见的新奇洋玩意儿作奖赏，令北洋水师官兵们都兴奋不已。

25日，醇亲王奕譞结束巡阅，打道回京。李鸿章特在督署设宴饯行。席终，奕譞乘船过粉河口，到西沽武库巡视后回京。李鸿章亲自陪送到北运河桃花口。离别时，二人还吟诗送别。

醇亲王奕譞巡阅北洋水师乘兴而来，高兴而归。但奕譞走了，李鸿章却没感到轻松。他对此行一直随侍在醇亲王奕譞身边的神秘兮兮的李莲英放心不下。李莲英是慈禧太后身边的大红人，应该侍候在她身边，且与检阅北洋水师扯不上任何关系。慈禧太后让他来了，出人意料之外，令李鸿章担忧。但更让李鸿章担忧的是，李莲英这次随醇亲王奕譞巡阅北洋水师，言行举止极为反常，让人总觉得不对劲儿。

李莲英

在整个巡阅行程中，李莲英终日手执醇亲王奕譞的烟荷包和长杆烟筒恭恭敬敬地侍立在他身后。无事时，李莲英便一人默默退入内室，不见外

停靠在威海卫的北洋水师舰船

人，似乎有意要避嫌，让北洋水师和天津那些想走他后门行贿送礼的文武大员们大失所望。

奕譞奉旨赴北洋巡阅前，为了消除慈禧太后对他的疑心，为了取悦慈禧太后，假意主动恳求带李莲英出巡。慈禧太后顺水推舟，欣然应允。慈禧太后究竟是打的什么主意不得而知，但可以肯定的是，李莲英此行肯定不是专门来为醇亲王侍候点烟的。因为慈禧太后没必要让自己的亲信太监专程去为醇亲王点烟，更没必要去讨好醇亲王。不用说，慈禧太后派李莲英来，除了监督他们外，肯定还有其他的什么目的。李鸿章见李莲英那副奉公行事、拒人于千里之外的冷冰冰的面孔，认为自己不便出面去探底，于是派亲信、时任天津海关道的盛宣怀去摸底。

盛宣怀和李莲英虽然相识，但交往不多。在巡阅中，盛宣怀找机会同李莲英接近，但李莲英似乎总是有意避开。后来，李莲英向盛宣怀暗示：你们能帮我再跟洋人的银行借点款不？盛宣怀大意之下，说漏了嘴，说可将天津电报局在外国银行存的钱借给李莲英几万。李莲英得知北洋水师在洋人的银行有存款，且可以官款私借，笑着说是“开玩笑的，开玩笑的”。

盛宣怀

李鸿章得知此事，气得脸都紫了，臭骂盛宣怀：“那个死太监要什么钱！这都是老佛爷的意思。这些日子朝廷中都在传言，说老佛爷想修圆明园，还要给皇上操办庆婚大典。这哪样不要钱？她老人家在打咱们北洋水师军费的主意！”探清楚李莲英此行的目的，李鸿章心底有几分凉飕飕了。

紫禁城里的慈禧太后听了醇亲王奕譞汇报巡阅北洋水师看操的情形，对他不咸不淡地奖励了一番。她眼

光绪皇帝（中）

下最关心的不是操练海军，而是“修园子”的事。这件事是她多年的一块心病。她的继子光绪皇帝载湉已经16岁，按清朝祖制，应当亲政，而且朝中一些“清流人士”也屡屡上奏提醒。慈禧太后只好宣布翌年归政。醇亲王奕譞知道慈禧太后不想归政，假意恳求她继续“训政”几年，等他儿子20岁时再“亲理庶政”。

慈禧太后扭扭捏捏地表演一番后，换个名目下谕说“勉允所请，于皇帝亲政后再行训政数年”。皇帝亲政后，太后还“训政”，是中国几千年来绝无仅有的，其实还是她在控制朝中大权。光绪皇帝和奕譞依然逃脱不了慈禧太后的手掌心，被她牢牢控制着。

这次检阅北洋水师，醇亲王奕譞对李鸿章赞誉有加，慈禧太后很不高兴。这一方面是因为慈禧太后担心他们俩勾结，对她造成威胁；另一方面是因为李莲英检阅北洋水师的心得。李莲英从天津回来后，第一时间对慈禧太后说：“办海军根本不需那么多白银，李

慈禧太后在颐和园仁寿殿前乘舆照

中堂（李鸿章）经常没钱，可他的北洋衙门气派之大、官员薪俸之优，无人敢比……”

当时，慈禧太后就非常恼怒：“与其让他们胡花钱，还不如拿给我自己来花。”

奕譞汇报巡阅北洋水师看操的情形后，一连几天，慈禧太后都无精打采。前来请安的奕譞看出了些苗头，便及时上折，建议恢复“昆明湖水操”。奕譞知道，相比他儿子的皇位，北洋水师的军费不值得一提；相比慈禧太后的欢心，李鸿章的担忧不值得一提。

奕譞说，他赴北洋水师巡阅后，感到算学、地理、测量等是当今不可缺少的知识。八旗弟子聪明勇武者很多，但由于见闻所限，虽然很优秀却不能表现。他建议筹建“昆明湖水师学堂”，专门招收八旗弟子，并恢复每年一度的昆明湖水操。但是，目前昆明湖一带殿堂亭台很多已塌坏，若不稍加修葺，恐怕皇上、皇太后亲临检阅水操时有所不敬……海军衙门拟将清漪园、万寿山和千润寺、灵西寺等庙宇，亭台楼阁以及沿海的桥梁、牌楼等，酌量加以保护修补，以供皇上、皇太后驾临。

慈禧太后的嘴角终于浮出一丝笑意，海军军费却被挪用了一大笔。

原来，昆明湖是清漪园的一个人工湖，即今天颐和园的昆明湖，是乾隆皇帝为庆贺其母六十“万寿”而修建的。昆明湖后面用

慈禧太后的寝宫乐寿堂

挖湖的泥土堆起了万寿山。清漪园内遍布造型各异的亭台楼榭，美不胜收。乾隆曾在昆明湖上视察水军操演。第二次鸦片战争时，清漪园也被英法联军毁坏。但相比之下，清漪园修复工程要比圆明园小得多。为了讨得慈禧太后欢心，朝廷中一帮善于迎奉拍马的人将清漪园改名为“颐和园”，说是供老佛爷“颐养天年之用”。慈禧太后已年近六十，向来贪图吉利，便定了下来。

当年要修圆明园，六王爷恭亲王奕䜣屡屡作梗，上次说修“三海”也是磕磕绊绊，现在醇亲王奕譞主动要为她修颐和园，并且以“恢复水操”“练海军”的名义堵住了那些“清流”大臣的嘴，慈禧太后当然高兴。

★“济远”号防护巡洋舰

“济远”号防护巡洋舰也是德国坦特伯雷度的伏尔铿造船厂建造，本来与铁甲舰“定远”号铁甲舰、“镇远”号铁甲舰同批订购，计划为“定远”级的第3艘舰，后因经费短缺而缩水改为订造巡洋舰。“济远”号防护巡洋舰回国时原有3根桅杆（2根木质为加装风

“济远”号防护巡洋舰

帆而临时增设，1 根铁质，长 18 米），并备有风帆索具，后撤除只留 1 根铁桅杆。舰长 71.93 米、宽 10.36 米，吃水 5.18 米，排水量 2440 吨（回国时数据为 2300 吨），正常载煤 230 吨，最大载煤 400 吨，动力为 2 座蒸汽机，4 座圆式燃煤锅炉，双轴推进，主机功率 2800 匹马力，航速 16.5 节。装甲甲板由 25.4 毫米钢质和 50.8 毫米铁质装甲层复合而成，可抵御大口径火炮的轰击，主炮露炮台装甲厚 254 毫米，炮罩及司令塔装甲厚 38.1 毫米，编制 180 ~ 202 人，管带为副将衔。

主要武器：1 座双联装 210 毫米克虏伯前主炮，1 门 150 毫米克虏伯后主炮，2 门 47 毫米哈乞开斯单管速射炮，9 门 37 毫米哈乞开斯单管炮，4 门金陵机器局造铜炮，4 具 381 毫米鱼雷发射管，2 艘舰载鱼雷艇。

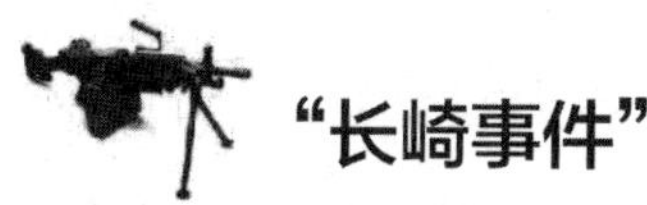

“长崎事件”

就在京城传言海军衙门要在昆明湖办水师学堂的时候，1886 年 7 月，北洋水师全体精英分成两路出国。

一路是邓世昌、林永升、邱宝仁等人前往英国、德国，将订购的“致远”号“靖远”号防护巡洋舰，“经远”号、“来远”号装甲巡洋舰 4 艘军舰接回国。

另一路是由提督丁汝昌亲自带队，刘步蟾、林泰曾、萨镇冰、方伯谦等带领的舰队，前往日本——当时清朝国内的船厂大坞还没

“威远”号炮艇

有彻底完善，北洋水师的军舰要想定期检修，只有两个地方可以去，一是香港，二是日本。

李鸿章存心让北洋水师开往日本，好震慑他们一番。

8月1日中午时分，4艘悬挂着黄地青龙赤珠海军旗的军舰，鸣着汽笛，在灿烂的阳光下，鱼贯驶入日本长崎港。它们是大清北洋水师的“镇远”号铁甲舰、“定远”号铁甲舰、“济远”号防护巡洋舰和练习舰“威远”号炮艇。

港内风平浪静，各种轮船、木船来往如梭。军船驶过时，大大小小的日本船上的人都抬头惊讶地注视着这几艘清军军舰。不远处的码头、海滩和海边浅浅的山峦上，也站满了一群群日本人，在对

“致远”号防护巡洋舰

进港的清军军舰指指点点。

“呜——”北洋水师右翼总兵兼“定远”号铁甲舰管带（舰长）刘步蟾站在舰桥上，拉响了汽笛。其余各舰也同时鸣笛，嘹亮的汽笛声在港湾里骄傲地回荡。

“丁军门，”刘步蟾满脸放光地对站在舰桥中央的北洋水师提督丁汝昌说，“这次到日本，可真算是扬了我大清国威，振了我北洋水师之威啊！”

丁汝昌没有答话，那张不苟言笑的脸庞上没有任何表情，但内心深处却热流汹涌——一股不可名状的自豪感油然而生。

“定远”号铁甲舰、“镇远”号铁甲舰宛若两座浮在水面上的巨大城堡，在当时西洋各国也为数不多，在亚洲绝无仅有，因此被日本人称为“东方巨舰”。

俯瞰港内日本海军的舰只，与“定远”号铁甲舰和“镇远”号铁甲舰相比，好比老虎脚旁的猫，一个个都显得不堪一击，一发305 毫米的炮弹就可以把它们轰成粉末。就是不远处停泊的日本海军刚从英国买来的、也是当时日本最大的军舰——排水量为 3700 吨的“扶桑”号铁甲舰，也跟日本人一样，显得特别矮小。

然而，丁汝昌没料到的是，舰队在指定的锚地下钉后第二天就遇到了麻烦。

原来，自清朝政府购买“定远”号铁甲舰、“镇远”号铁甲舰后，日本又妒忌又憎恨。日本海军操练以这两舰为首选攻击目标，日本平民饭后茶余也常常谈论如何击沉这两舰，甚至日本小学生里也玩“打沉定远、镇远”的游戏。“定远”号铁甲舰和“镇远”号铁甲舰驶进日本港口后，日本人嫉恨的情绪猛然爆发了。

第二天，“定远”号铁甲舰上的几名水兵登岸观光，刚离开码头就和几名挎刀的日本警察迎面相遇。

日本警察挑衅北洋水兵，北洋水兵恶语回敬。一场双方都听不懂的对骂后，武力冲突爆发，1 名北洋水兵轻伤，1 名日本警察重伤。此次争吵经劝解很快平息了，但日本长崎的警察却怀恨在心，一心

“致远”号防护巡洋舰的部分军官与德国教官合影

想寻机报复。

第三天，丁汝昌按惯例宣布放假一天。各舰除管带和值班人员外，允许分批上岸，结队观光游玩。当上岸的水兵步入长崎城时，被大批日本警察堵住去路。日本警察先是无理寻衅，继而大打出手，直至拔刀伤人。

北洋水兵不甘受辱，挥拳还击。双方在狭窄的街巷里扭打成一团。日本居民见此情景，纷纷拿起武器帮助日本警察。男人拿出菜刀、棍棒追杀北洋水兵，女人烧滚开水，从临街楼上的窗口向北洋水兵头上浇去。在这场大规模殴斗中，北洋水兵 5 人当场死亡，6 人重伤，38 人轻伤，另有 5 人下落不明。

事件发生后，日本海军害怕北洋水师动武，纷纷脱下炮衣，把炮口指向北洋水师的军舰。长崎城的日本人也把各种大炮小炮拖到岸边，犹如一群螳螂对着战车挥舞着大刀，既可笑又可怜。虽然双方大有剑拔弩张之势，但北洋水师提督丁汝昌却极为镇静。他在了解了事件经过后，召集各舰管带商议解决办法。

时任北洋水师总教习的英国人琅威理极力主张向日本宣战。他出了个“超级实用”的建议——将北洋水师的 4 艘军舰起锚开出港口，开到日本那些小炮船的射击范围外，然后以优势的重炮轰击长崎，逼着日本人道歉赔钱。

事实上，欧洲人的逻辑对日本人很有效，琅威理的建议切实可行。当时，日本海军全部作战舰只的总吨位还不及北洋水师的“定远”号铁甲舰和“镇远”号铁甲舰两舰，如果兵戎相见，北洋水师先发制人攻击日本海军，日本海军是不堪一击的，是能打击日本人侵占东亚大陆的野心的。然而，丁汝昌认为，两国并未开战，不能让这点纠纷破坏两国尚存的“友好关系”。最后，丁汝昌决定，通过法律程序解决这一事件，避免军事冲突。而这正中日本人下怀。

事件发生后，日本人在心惊胆战地摸着清朝政府的心思，害怕清军借此机会开战。日本内阁总理伊藤博文照会清朝驻日公使徐承祖，否认日本人“存杀人之心”，并推说事情起因是北洋水师的水兵挑衅。伊藤博文显然在推脱，显然在试探清朝的态度。

丁汝昌

但令人不可思议的事件发生了。在国内的李鸿章，竟然对日本从民间到官方嫉恨北洋水师的实情毫不知情，竟然忘记了此前日本人多次趁火打劫侵略的事，竟然“以和为贵”主动放弃教训日本人的最佳机会，迅速电令北洋水师的4艘军舰撤出日本，并请与清朝并没任何利害关系的英国律师与日本方面进行“交涉”。清朝的权益能不能得到保证，一眼就知道了。

丁汝昌率领着北洋水师的4艘军舰撤出日本一个月后，一份关于北洋水师访日情况的报告被送到了直隶总督衙门。令人意外的是，李鸿章却有些得意。他感兴趣的不是北洋水师的水兵与日本警察斗殴，也不是斗殴事件处理的结果，而是丁汝昌关于两国海军实力的对比分析和对日本海军的印象。李鸿章深信：日本几乎被吓破了胆，大清海军是亚洲第一了，日本已经不足为惧了！

伊藤博文

事实上，日本人不仅敢挑衅北洋水师，没有被北洋水师吓住，还发现了北洋水师的弱点，认为北洋水师可以被轻易击败，并疯狂地为击败北洋水师做准备。

一名叫东乡平八郎的日本舰长参观了“定远”号铁甲舰后，在其日记中写道：“‘定远’号铁甲舰305毫米主炮的炮管上晾晒着水兵的背心、裤衩；大炮炮管里满是油垢，似乎很少擦拭；水兵吊儿郎当地在甲板上嬉戏；舰上到处可见不穿制服而穿长衫的人在晃荡，他们是军官们的跟班……这样的海军哪怕装备再好的军舰，也是不难战胜的。”

在北洋水师的刺激下，在看出北洋水师的弱点、认定可以击败北洋水师后，日本当年就发行了1700万日元海军公债，向全体日本人借钱，着手建造54艘排水量为6630吨的军舰，号称“第一期计划”。到第二年，日本人建海军进入了疯狂状态。明治天皇决定：从皇室内库中拨出30万日元作为海军补助费。

明治天皇都勒紧了裤腰带支援兴建海军，日本民众更是疯狂了。大量资金很快就筹备起来了，日本海军经费问题解决。而此后，日本政府秘密制定了《讨伐清国策》。此时，日本已经铁了心要跟清朝大干一场。

外国明信片上的光绪像

光绪十三年（1887年）正月十五，17岁的光绪皇帝亲政，但在一系列王公大臣“苦苦挽留”之下，慈禧太后以“训政”为名，继续把持着朝政大权。也就在这一天，清朝政府批准了关于“长崎事件”的解决方案。

驻日公使徐承祖、日本外相井上馨在协议上签字，北洋水师在长崎与日本警察的冲突，是因为双方言语不通而引起的“误会”，双方对死伤者各予以抚恤，日方付52500日元，清朝付15500日元。

★北洋水师差点炮轰长崎

北洋水师提督丁汝昌、总教习英国人琅威理率领“定远”号铁甲舰、“镇远”号铁甲舰、“济远”号防护巡洋舰、“威远”号炮艇4艘军舰到日本长崎大修，着实让日本人心惊。8月13日，一些水兵登岸购物消费，喝醉酒后与某老板争执不下。老板随即报警。北洋水兵和闻讯赶来的日本警察发生冲突。2名北洋水兵被捕，其余的逃离了现场。随后，逃走的北洋水兵纠集了十几名同伴，冲入警察局抢人，还将一名日本警察打成重伤。

就在中日协商处理此事时，8月15日，北洋水师放假，450名水兵上岸观光。日本流氓手持刀棍故意拥挤挑衅，双方大打出手。数百名早有准备的日本警察将街道两头堵死，将手无寸铁的北洋水兵隔离在各个街区，随即大肆挥刀砍杀。北洋水兵猝不及防，结果吃了大亏，被打死5人，重伤6人，轻伤38人，失踪5人。日本警察被打死1人，伤30人。

“长崎事件”发生后，北洋水师群情激奋，“定远”号铁甲舰、“镇远”号铁甲舰、“济远”号防护巡洋舰、“威远”号炮艇迅速进入临战状态，将炮口对准长崎市区。总教习琅威理甚至主张对日开战。当时日本海军才刚刚起步，绝非中国海军的对手。不过，丁汝昌却不准动手，丧失了把日本海军“扼杀在摇篮中”的机会。

挪用军费

“长崎事件”得到了“完美”解决后，光绪皇帝的生父、海军衙门总理大臣醇亲王奕譞将全部精力放在建立“昆明湖水师学堂”上，以讨好慈禧太后。

光绪皇帝也正式下诏，为报答圣母皇太后“为天下忧劳”、使“中外尊安、群黎被福”的大恩大德，正式将清漪园更名为颐和园，

颐和园里的“永和”号轮船，也是昆明湖水师学堂的训练用船

昆明湖水师学堂士官合影

并对作为慈禧太后撤帘引退后颐养天年的地方加以扩建，然后将在颐和园为慈禧太后举行隆重的六十大寿庆典。

虽说慈禧太后满心欢喜，但鉴于过去几次为“修园子”闹出风波，她又扭捏作态地下了道懿旨，称垂帘听政以来“如临渊谷”，如今下只是稍息太平，断不敢为自己大兴土木搞“苑囿之设”。但是，“修园子”之举“为皇帝孝养所关”，不忍心拒绝……不过好在“工用所需，全部出自节省下来的钱”，白银是过去攒下的，没有动用户部的正款，不会因此而损害国家的利益，“想天下亦应共谅”，云云。

事实上，在光绪皇帝这道上谕公布之前，颐和园的部分工程，如排云殿等，已经开始动工或建成。

醇亲王奕譞亲自督办的“昆明湖水师学堂”也在“园子里”开办起来。“昆明湖水师学堂”仿照马尾船政学堂那样“兼用西法”，分为内外两个学堂，入学的八旗子弟身着禁卫军神机营的制式军服——战裙和蓝羽绫号衣，在“洋教习”的教授下学习西洋技艺。

说是“水师学堂”，这些学生们学成之后，却并不是要派去驾驶军舰出洋作战，内学堂学生的使命是要学会驾驶停泊在昆明湖畔的那2艘铁皮小轮船，以便拖着慈禧太后的“安澜”号御座船，让她在湖中游玩和检阅水操；而外学堂学生学习机械和电气知识，则是为了管理园子里电气房中的发电机和装修遍布各处的电灯。

一年前，醇亲王奕譞让海军衙门从340万两的“开办海事学堂经费”中，拨出67.8万两作为“昆明湖水师学堂”的开办费。

挪用海军巨款，“直把昆明换渤海”的活动开场了。一方面要办“水师学堂”，让老佛爷“检阅海军”；另一方面是皇帝下旨给老佛爷修园子“颐养天年”。这等大事，有关官员自不敢有丝毫怠慢。如从外国购买、安装最新式的电灯等事，是李鸿章负责经办。广东水师学堂的德国鱼雷教官回国休假时，李鸿章托他“亲往德国造船厂”订购了一批“西洋最新款式”的电灯泡。这些洋玩意儿“机栝巧密，料件繁多”，还非得这位德国教官亲自到颐和园安装不可。

后来，朝廷命令李鸿章将部分北洋水师的官兵和水师学堂新毕业的学员共计 3000 多人调来昆明湖，将昆明湖当成“汪洋大海”，用小火轮作“战舰”在湖面驶来驶去，水兵们做各种表演，与岸上的陆军同向坐在南湖岛岚翠间的“阅兵台”上的慈禧太后摇旗呐喊，欢呼致敬。

这次“阅兵”既显示了慈禧太后对海军的关心和作为全国军队最高统帅的绝对权威，使其虚荣心又一次得到满足；同时又带有相当大的娱乐性，使性喜游乐的她兴奋不已；更企图以此向世人表明“修园”并非为己享乐，而是为了清朝海军建设。

颐和园重修工程浩大，共用了 4 年时间。在这期间，到底花了多少海军经费，属于内廷机密，再加上层层中饱，重重克扣，真实的经费耗用恐怕就是当事人也未必能搞得一清二楚。有人估计总数 100 万两白银，有人估计 1200 ~ 1400 万两，还有人估计为数万万两，相互之间的差距十分惊人。

虽然如此，用于“修园子”工程的经费大体上也能找出几个来源。

第一笔经费是户部的积余，约 700 ~ 800 万两，是历年查抄款、罚款、变价款等非正项收入。这笔钱本来是作为预备金的，却被慈禧太后发现并指定要用——就是她所说的“历年来节约下来的”。

第二笔经费是用于筑铁路的经费。“修园子”的同时，正好铁路工程准备上马，“筹款3000万两，先通直奉，铺至山海关，太后提其余万筑颐和园，大工遂停”。

第三笔是所借的外债。甲午战争前，清朝政府所借的外债中，有相当一部分被用做修建园苑。如1886年，向英国汇丰银行借200万两白银，用于修建南海工程；1887年向德国华泰银行借款500万马克，合98万两白银，用于修建“三海”工程。还有，1885年向

颐和园的石舫船，为当年慈禧太后挪用海军公款修建

英国怡和洋行借款 150 万英镑，合 500 万两白银，除了付英国订购的船炮款外，有 252 万两被挪用于修建颐和园。

在工程所需费用中，最多的还是海军经费。至于究竟挪用了多少，众人说法不一。

海军经费的筹措始于 1882 年，第一笔款约 3000 万两到位后，立即用于向国外定购“定远”号铁甲舰、“镇远”号铁甲舰、“济远”号防护巡洋舰等军舰，总数约 10 艘。1886 年开始“修园子”后，海军衙门就成了“修园子”的金库，340 万两“经费”在 3 年之间几乎全数被挪用于工程修建，仅这笔钱就相当于购买“定远”号铁甲舰和“镇远”号铁甲舰的全部费用。

海军衙门成立后，清朝政府规定由各关税、厘金中提取 400 万两白银交海军衙门管理，作为海军常年经费。这笔经费每年以“挪拨”“挪垫”等名义，至少要提取 30 万两用于“修园子”，直到甲午战争爆发为止。

还有一笔有关海军的经费也被挪用。

1885 年，户部和海军衙门以筹措海军经费为名卖官鬻爵，美其名曰“海防捐”，即谁想当官花上若干白银，就可捐一个马上可以领凭据上任的实缺官职。两家衙门会同开红盘，报出价格：2000 ~ 3000 两可买实缺州县官，3000 ~ 4000 两买实缺知府，5000 两买实缺道台。但由于“买者并不踊跃”，户部便来了个大拍卖，“以实银 7000 两白银折合 10 000 两”。海军衙门也不示弱，放盘竞争，其成数比户部减数倍，于是“趋者云起，皆不于户部而于海军焉”。一时间，清朝政府买官闹得沸沸扬扬，诒笑中外。因朝中不少御史看不下去而纷纷上奏弹劾斥责，才被迫取消。这笔“海军报效捐”共筹措约300万两白银，也被用于“修园子”了。

此外，李鸿章以办海军的名义让各省督抚认交的款总数也约260万两。李鸿章也明白“修园子”究竟是怎么一回事。当年慈禧太后因修圆明园之事，几乎同恭亲王奕䜣闹翻了脸。现在恭亲王奕䜣已失势，修好园子是为了慈禧太后引退，而慈禧太后撤帘，光绪皇帝才能真正行使皇权。李鸿章跟光绪皇帝的生父醇亲王奕譞好不容易建立了亲密关系，为了“长线投资”，他不得不为此而费一番苦心了。

恭亲王奕䜣

“修园子”开始不久，李鸿章亲自写信给张之洞、曾国荃、裕禄、刘秉璋等封疆大吏，费尽心思，字斟句酌地让他们认筹一些款项。在一封封函件中，李鸿章一面给各位封疆大吏戴上高帽子，奏承各位如何恭仰太后，愿为太后效命，一面又同他们讨价还价。他称张之洞“雄视九州，近代无人可比”，并把两广称为“岭南大藩”，要他无论如何也要认筹100万两的数额；对曾国荃，他则称醇亲王奕譞首要两广外，对江南尤寄厚望，说两江和南洋水师经曾国荃的治理变得“规模宏远”，因此除张之洞外，还望在曾国荃“集得大宗”。至于他本人，他声明，直隶虽然较穷，但也会全力筹措，并劝各位顾全大局。

经过李鸿章两个多月苦心筹措，两广总督张之洞认筹100万两，两江总督曾国荃认筹70万两，湖广总督裕禄认筹40万两，四川总督刘秉璋认筹20万两，江西巡抚德馨认筹20万两，李鸿章本人认筹20万两。共计筹集所谓“海军巨款”270万两。这次由李鸿章发起的集款名为“购舰设防”，实际上陆续解往天津存银行生利息，所得收益专归颐和园工程使用。

海军经费被挪用去“修园子”的总数不少于2000万两。如果2000万两用于去购造“定远”号和“镇远”号这样的装甲舰，可买11艘；如果去购造“来远”号这样的装甲巡洋舰，可买24艘。

到了1891年，光绪皇帝恭奉慈禧太后临幸颐和园，极尽奢华。也正是在这一年，“修园子”挪用海军经费达到了高峰。户部因库款支绌让南洋水师和北洋水师两年内停购洋枪、船只、机器。

清朝海军的经费陷入如此窘境，慈禧太后根本不关注，她也不管海军建设得怎么样，只管她退休后的养老问题——她偏爱享受。

在修建颐和园的过程中，她再三强调要把洋人的新奇玩意儿尽可能地弄进园中，在园中大搞“现代化”。除了海军衙门特制两艘铁皮小轮船拖着她的御座船泛游湖中外，还专门设置了电气房，管理那些花花绿绿的电灯，每逢喜庆之日或老佛爷心血来潮时，就万灯齐放，让颐和园成为一座灯火通明的不夜城。慈禧太后还曾别出心裁地提出要在园中铺设小铁路，后因故未能如愿。园中各处殿堂内，遍采各地石玩珍品，处处陈列得富丽堂皇，供她玩赏。

颐和园修好后，仅初期每天的各种开支就得耗费 1 万两白银。一年下来，颐和园所耗费的白银就能购买两艘铁甲舰。

“来远”号装甲巡洋舰

★海军衙门

1885年10月13日，清朝政府设立海军衙门。海军衙门是“总理海军事务衙门”的简称，是清朝政府管理全国海军的机构。清朝原有旧式水师，而无近代化海军。两次鸦片战争外敌均从海上打过来，所以编练海军和筹建海防成为洋务运动的重要内容。1875年6月，由两江总督沈葆祯、直隶总督李鸿章等倡议，经总理海军事务衙门批准，调拨粤海关、江海关等税银，江浙等省厘金，每年400万两分别解往南洋、北洋，筹办海军。到1884年，清朝政府建立

北洋水师提督署

起北洋水师（有 15 艘军舰）、南洋水师（有 17 艘军舰）和福建水师（有 11 艘军舰）。三者各归节制，互不统辖。

1884 年 10 月 13 日，清朝政府以“水师不如人”为辞，开脱马尾海战失败的罪责，宣布“以大治水师为主”，成立海军衙门，统一海军指挥权，总管海军、海防事宜。以醇亲王奕譞为总理，李鸿章等为会办。以后，他们花了数以千万两白银计的巨款，采购外国军舰、大炮，建设旅顺、威海卫军港，聘请外国教官。1888 年，建成北洋水师。李鸿章吹嘘北洋水师“就渤海门户而论，已有深固不摇之势”。

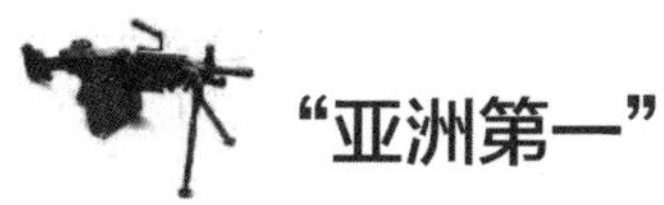

“亚洲第一”

不过，幸运的是，在颐和园修建初期，北洋水师的实力已经相当强大，否则那样无限制地挪用海军军费，北洋水师就无法成军了。或许，慈禧太后也不会那样毫无顾忌地去“修园子”了。

1888 年，从英国订购的“致远”号、“靖远”号防护巡洋舰和从德国订购的“经远”号、“来远”号装甲巡洋舰归国后，北洋水师实力大大增强。

“致远”号和“靖远”号防护巡洋舰排水量同为 2300 吨，马力 5500 匹，航速 18.5 节，定员 202 人，其中主炮为 3 门 210 毫米口径炮和 6 门 150 毫米口径炮。由于炮塔和舰身主要部位采用铁甲防护，其余均由铁板覆盖，故也被北洋水师称为半铁甲船。

德国制造的“经远”号装甲巡洋舰和“来远”号装甲巡洋舰在构造上几乎完全相同：排水量 2900 吨，马力 5000 匹，航速 15.5 节，定员 202 人，主炮是 2 门 210 毫米和 2 门 150 毫米口径大炮，舰身水线以上全部用钢甲防护。

李鸿章派出大批清军海军军官和水手前往欧洲，并指定由“致远”号管带邓世昌、“靖远”号管带叶祖珪、“经远”号管带林永升、“来远”号装甲巡洋舰管带邱宝仁负责将 4 艘军舰管驾回国。

这几位中国海军第一代舰长的经历几乎完全相同，同时毕业于马尾船政学堂第一期；其中几人同时出洋留学；同时担任中国海军从国外购回的军舰——“蚊子船”的管带，邓世昌曾任“镇南”号炮艇管带，叶祖珪曾任“镇边”号炮艇管带，林永升曾任“镇中”号炮艇管带，邱宝仁曾任“镇东”号炮艇管带。

经过几年的海上磨炼，尤其是前一次去英国接收“超勇”号撞击巡洋舰、“扬威”号撞击巡洋舰回国，在长达 7 万余海里的航行中，邓世昌等人指挥和驾驶军舰的技能日渐成熟。

“经远”号装甲巡洋舰

在接收“致远”号防护巡洋舰等4艘军舰回国途中，4位管带指挥4艘军舰沿途演练，每天变换战斗队形数次，间或实战演习、火警、水险、救生演习，战位与战位之间、军舰与军舰之间协同自如，操纵得法。

叶祖珪

此时，北洋水师已经具备了一支强大舰队的规模，北洋水师制定章程被提上了议事日程。

7月，海军主要官员和李鸿章讨论后，向海军衙门提交了初稿。经过海军衙门与海军官员再次修订，到9月底，海军衙门正式向慈禧太后进呈了《北洋海军章程》。三天后，《北洋海军章程》获得了批准。

10月，李鸿章到天津大沽港，在“镇远”号铁甲舰上公开宣布了《北洋海军章程》。

“给各位管带看座。”李鸿章进仓后，和蔼地吩咐道。接着，他开门见山地说：“今天召你们来，是因为朝廷已奏准了《北洋海军章程》。”

他停顿了一下，又缓缓说道：“这些年来，各位不辞辛劳，昼夜督操，在海上历经风雨，才使得我北洋水师布阵高度有方，技艺娴熟。当今朝廷立志要大办海军，我北洋舰只日渐增多，实力大增，已成为了中国海军中的佼佼者。如今皇上和皇太后恩准《北洋海军章程》颁布，意味着我北洋水师正式成军。今后还望各管带更加用命，扬我大清国威，振我北洋军威！”

接着，按《北洋海军章程》，李鸿章一一宣布了北洋水师主要将官的正式任命：

北洋水师提督丁汝昌（52岁，原淮军马队骑兵军官）；右翼总兵兼“定远”号铁甲舰管带刘步蟾（37岁，马尾船政学堂一期毕业生，留英学生）；左翼总兵兼“镇远”号铁甲舰管带林泰曾（37岁，马尾船政学堂一期毕业生，留英学生）；“济远”号防护巡洋舰管带、副将方伯谦（36岁，马尾船政学堂一期毕业生，留英学生）；“经远”号装甲巡洋舰管带、副将林永升（35岁，马尾船政学堂一期毕业生，留英学生）；“来远”号装甲巡洋舰管带、副将邱宝仁（出生年月不详，马尾船政学堂一期毕业生）；“致远”号装甲巡洋舰管带、副将邓世昌（39岁，马尾船政学堂一期毕业生）；“靖远”号防护巡洋舰管带、副将叶祖珪（出生年月不详，马尾船政学堂一期毕业生，留英学生）；“超勇”号撞击巡洋舰管带、参将黄建勋（36岁，马尾船政学堂一期毕业生，留英学生）；“扬威”号撞击巡洋舰管带、参将林履中（36岁，马尾船政学堂一期毕业生，留英学生）。

各舰管带一一上前跪拜谢恩。

待各管带回舰后，“定远”号铁甲舰升起信号旗，鸣着汽笛，率领舰队出航——北洋大臣李鸿章要检阅新成立的北洋水师了。

林泰曾

雨越下越大，海面上风起浪涌。一艘艘军舰排列成整齐的队形，破浪前进。李鸿章面前的这支舰队，是中国自古以来最强大的海军舰队，即使同当时的世界水平相比也毫不逊色：有 50 多艘各型舰艇，总排水量 50 000 余吨。

北洋水师的规模已远超过日本海军而雄居亚洲第一。当时，许多外国人也大加评论。有的说，清朝北洋水师在世界各国海军中排在第 6 位，还有的说，应该是第 4 位。但不管如何，清朝北洋水师是远远超过了当时美国海军的。

在舰桥上，刘步蟾用英语熟练地大声发布命令，舰身随之微微倾斜——舰队返航了。李鸿章站起身来，走到舰桥指挥台巨大的玻璃窗前，透过雨幕观看整支舰队整齐地转向，心里不由得一阵激动。

眼前这支以两艘 7300 吨级铁甲舰和数艘装甲巡洋舰为中坚的强大舰队，有一大批留过洋的管带，作战和训练的指挥全用英语发令，让当时很多人做梦都不敢想象。

北洋水师的编成和阵容如下：

1. 主战舰队

“定远”号铁甲舰，排水量 7335 吨，马力 6000 匹，航速 14.5 节，火炮 22 门，定员 331 人；

“镇远”号铁甲舰同“定远”号铁甲舰；

“经远”号装甲巡洋舰，排水量 2900 吨，马力 5000 匹，航速 15.5 节，火炮 14 门，定员 202 人；

“来远”号装甲巡洋舰同“经远”号装甲巡洋舰。

2. 防守舰队

“致远”号防护巡洋舰，排水量 2300 吨，马力 5500 匹，航速 18 节，火炮 25 门，定员 202 人；

“靖远”号防护巡洋舰同“致远”号防护巡洋舰；

“济远”号防护巡洋舰，排水量 2300 吨，马力 1500 匹，航速 14.5 节，火炮 18 门，定员 204 人；

“平远”号海防巡洋舰，马尾船厂制造，1879 年下水，排水量 2200 吨，马力 1500 匹，航速 14.5 节，火炮 11 门，定员 145 人；

“超勇”号撞击巡洋舰，排水量 1350 吨，马力 350 匹，航速 15 节，火炮 18 门，定员 135 人；

“扬威”号撞击巡洋舰同“超勇”号撞击巡洋舰；

“镇东”号炮艇，排水量440吨，马力350匹，航速8节，火炮5门，定员55人；

“镇北”号炮艇同“镇东”号炮艇；

“镇西”号炮艇同“镇东”号炮艇；

“镇南”号炮艇同“镇东”号炮艇；

“镇中”号炮艇，排水量440吨，马力400匹，航速8节，火炮5门，定员55人。

“镇边”号炮艇同“镇中”号炮艇。

3. 教练舰

“康济”号炮艇，1881年下水，排水量13000吨，马力750匹，航速12节，火炮11门，定员124人。

“威远”号炮艇，1877年下水，排水量1268吨，马力840匹，航速16节，火炮11门，定员124人。

4. 补给舰

“操江”号炮艇，1865年下水，排水量950吨，马力400匹，航速9节，火炮5门，定员91人；

“泰安”号炮艇，1876年下水，排水量1258吨，马力600匹，航速10节，火炮5门，定员180人；

“镇海”号炮艇，1871年下水，排水量950吨，马力480匹，航速9节，火炮5门，定员100人；

“湄云”号炮艇，1869年下水，排水量578吨，马力400匹，航速9节，火炮4门，定员70人。

5. 鱼雷舰队

“左一”号鱼雷舰排水量90吨，航速23.8节；“左二”号鱼雷舰、“左三”号鱼雷舰、“右一”号鱼雷舰、“右二”号鱼雷舰、“右三”号鱼雷舰的排水量74吨，“左二”号鱼雷舰和“左三”号鱼雷舰航速19节；“右一”号鱼雷舰、“右二”号鱼雷舰、“右三”号鱼雷舰的航速同为18节。

舰队返航驻泊后，等李鸿章一走，《北洋海军章程》就人手一份发到各舰管带手里。《北洋海军章程》基本上是仿照英国皇家海军和德国海军而建立的规章制度，其中有些制度至今仍为各国海军所沿用。

在官兵人事管理和升擢制度上，《北洋海军章程》主要采用英国皇家海军的方式，把军官分为3类——指挥军官、技术军官和士官，分别叫“战官”“艺官”和“弁目”。

“战官”“艺官”和“弁目”的升迁有三种途径，且要求严格。“战官”和“艺官”必须是水师学堂毕业生，他们在校学习4年，考试合格后上教练舰实习1年；再经考核合格后，才授予“候补把总”官衔；又经过1年实习后，经考试合格，送回水师学堂再进修半年，才提升为“把总”，并分派到各军舰上担任实职。

在海军每一格职务上，官兵必须在海上执行任务满3年才有提升的资格。对担任“弁目”的资格要求也很严，不识字的文盲武夫在军中不受欢迎。担任“弁目”的人必须精通“三角用炮表法”“三率平方根”“对数表”等。

在海军军官待遇上，《北洋海军章程》参照英国和德国的相关制度，制定了较优厚的俸薪标准。军官的俸薪分为官俸和船俸，年俸中 60% 为官俸，40% 为船俸。官俸根据所担任职务的高低和所在军舰的型号而定，并且规定不再出海担任舰艇军官的人，船俸即取消。在俸薪标准上，各级的级差相当大。提督丁汝昌的年俸为 8700 多两白银，总兵兼铁甲舰管带林泰曾和刘步蟾的年俸为 3900 余两。“游击”“都司”“守备”等中级军官的船俸分别为年俸 900 两、600 两、300 两。水手和工匠的俸薪更低，相当于“三等练勇”，每月 4 两白银。

在日常勤务、训练、作战和赏罚、抚恤等方面，《北洋海军章程》也基本上仿照英国和德国。

北洋水师是一支拥有远洋作战能力的海军，但清朝政府并不想发挥它的远洋制海能力，只是想凭借它的坚船利炮，再加上强大的陆上炮台，在中国北方沿海，尤其黄海和渤海地区，构筑起一道捍卫京津地区（清朝心脏地区）的坚固防线。

在北洋水师成军的同时，被朝廷视为命脉所系的三角形防御体系——大沽、旅顺、威海卫 3 个海军要塞加紧了修建。尤其是旅顺和威海卫。

1890年11月，经过10年建设，耗资巨大的旅顺港工程竣工。当时，旅顺港不仅在亚洲一流，在世界上也堪称一流。旅顺港内码头和锚地可驻泊北洋水师的所有舰艇；一座新式的大型船坞可接纳7300吨级的“定远”号铁甲舰和“镇远”号铁甲舰进坞检修；港湾周围的山岭上遍布海岸炮台，60余门德国克虏伯巨炮牢牢地控制着方圆数十里的海面。此外，旅顺港还建起了电报局、机器厂、水陆弁兵医院、水雷营以及一座水雷学堂，美国水雷专家满宣士被聘请

威海卫港东南岸高地正在集合的清军

为教习。

丁汝昌、刘汝翼等人奉北洋大臣李鸿章之命，到旅顺检查验收后，旅顺港正式交北洋水师使用。

李鸿章有些得意了。他在给海军衙门题为《验收旅顺船坞工程》的报告中称："旅顺工程完工之后，北洋水师战舰遇到损坏，可以就近入坞修理，不需要再去香港修理，也不必再花费巨资。今后再根据财力筹划，逐渐扩充，可预见北洋水师将雄视一切，渤海门户，深固不摇。"

与旅顺港工程同时开工建设的，还有威海卫港工程。威海卫位于山东半岛东北端，与辽东半岛的旅顺遥相对峙，共扼渤海门户，与旅顺同被称为"渤海锁钥"。

威海城面朝渤海，背靠群山，连绵起伏的峰峦三面环绕港湾，湾内水深湾阔，港湾两岸山势陡险，并向东延伸到海中，犹如两条巨龙入海。而刘公岛恰似一枚明珠置于港口中央，形如"二龙戏珠"。

★奇怪的北洋水师军衔

《北洋海军章程》基本采用西法，但它仍然带有许多湘淮系军队旧制度的印记。在官级确定上，由于清朝还没引进西方的官衔制，就把旧式陆军的官级照搬过来，北洋水师各级军官依次被称为提督、总兵、副将、参将、游击、都司、把总。

参照湘军和淮军的编制，《北洋海军章程》规定“以一船为一营”。在官阶品级规定上，提督为“从一品”，总兵为“正二品”，副将为“从二品”，一艘小炮艇管事的品级相当于知府，而最不济的水手总头目（水手长）的品级也相当于知县正堂。同时，还依照湘军和淮军的做法，允许一些级别军官自带非现役的幕友上船。

对海军军旗，《北洋海军章程》按西法做了正式规定，规定黄色、长方形中间绘有青色飞龙的龙旗为法定“兵船国旗”。

清朝末期的旅顺港

军纪废弛

从1881年威海卫被定为北洋水师基地到北洋水师正式成军，威海卫港内除了建成各种海军设施外，在刘公岛上还建立了北洋水师提督衙门和营房。刘公岛成为北洋水师的大本营。威海卫港湾四周共筑起各类炮台25座，分别划为南帮、北帮、刘公岛、日岛四个大炮台区。

李鸿章亲临威海卫视察后，在给清朝政府的奏折中称："各炮台都占据有利地形，像钥匙和锁一样坚固，旅顺与威海卫两大军港建成后，相为犄角。"他再次得意地声称，渤海门户"已有深固不摇之势"。中国海军告别了蹒跚学步的幼年时期，进入了全盛时期。

然而，貌似强大的北洋水师却潜藏着很多隐忧。其中，最为严重的就是军纪问题。北洋水师成军那年，丁汝昌率先在刘公岛盖起铺屋，租给各将领，有的还被人租去做生意。丁汝昌坐地收取租金。后来，各将领纷纷在岛上盖起私宅。而按《北洋海军章程》规定，凡舰上自管带以下军官，除法定假日，不许离舰上岸居住。将领们在刘公岛盖起私宅居住是公然违反《北洋海军章程》的规定。

1890年，北洋水师总教习英国人琅威理辞职后，军纪更加废弛。

北洋水师在创办之初，雇用了一批外国人担任顾问和技术指导。在雇用外国人的问题上，李鸿章除了实际工作需要外，还有政治上的考虑。一般说来，在英国定购的舰只，主要雇用英国人担任顾问和技术指导；而德国制造的船只则雇用德国人担任顾问和技术指导。

对那些冒险或抱着赚钱目的而投身北洋水师的外国人，李鸿章采用高薪优俸政策，总教习的年俸高达7000多两白银，同海军提督丁汝昌不相上下。一般炮手的年俸也有300多两，为中国炮

威海卫北帮炮台的后侧

手的18倍。这些重金雇来的洋员们不懂技术而滥竽充数的不少，但也有不少人精通海战，兢兢业业，忠于职守。

琅威理

北洋水师总教习一职先后共聘用了6任。由于这一职务比较敏感，李鸿章采取英国人和德国人并用的办法，在西方大国间搞平衡。第一任总教习为英国人葛雷森，第三任为德国人式百龄，第五任为德国人汉纳根，第六任为英国人马格禄。第二任和第四任总教习均为英国人琅威理。他总共任职时间长达近5年。

琅威理是时任中国海关总税务司的英国人赫德推荐的。1884年，中法战争爆发后，英国宣布中立，琅威理被召回国。战争结束后，琅威理再次被请到中国海军任职。由于海军提督丁汝昌不熟悉海军事务，舰队训练多由琅威理主持。接触过他的人说：“琅威理终日料理船事，时刻不自暇自逸。尝在厕中犹命打旗语传令。”

丁汝昌曾说：“洋员之在水师最得实益者，琅威理总教习为第一……人品亦以琅威理为最。平日认真训练，订立章程，与英国一例，曾无暇晷。即在吃饭之时，亦复手心互用，不肯稍懈……琅威理亦深得各管驾、弁兵之心。”他日夜操演，官兵请假离船很难。在他的影响下，无人敢出差错。军中流传着“不怕丁军门，就怕琅威理”的说法。在琅威理任内，北洋水师的训练水平达到了巅峰。

1890年初，北洋封冻，北洋水师按例赴南洋巡弋后，到香港锚泊避冻。这时，丁汝昌因事被召离舰队。刘步蟾按规定在“定远”号铁甲舰上降下了提督旗，升上了总兵旗。为此，琅威理和他发生了一场争吵。

在琅威理再度出任总教习时，清朝政府赏赐他提督衔。但这是一种以示优待的荣誉头衔，并非实职。李鸿章称他为提督，也只是表示尊重，并非对他正式任命。因为《北洋海军章程》规定，设一名提督、两名总兵，并没有“副提督”一职。皇帝没下诏令，海军衙门也没下任命书。但琅威理信以为真，常常以北洋水师“副提督”即副司令自居。因此，有不少人说他飞扬跋扈，一心揽权。琅威理在北洋水师里得罪了不少人。

见刘步蟾下令升起总兵旗，琅威理极为不满，与他争辩说：“提督离职，有我副职在，何为而撤下提督旗？”刘步蟾向来不太买他的账，冷冷地回答道：“水师惯例如此。”

两人为此争执不下，分别致电告到李鸿章那里。李鸿章复电“以刘为是”，并说“应升何旗，章程内未载，似可酌制四色长旗，与海军提督有别”。这份电报使琅威理感到受了极大伤害。1890年

8月，舰队返回威海卫后，琅威理愤然辞职而去。

琅威理离开后，北洋水师的官兵们高兴了，但军纪却更加松弛了。只要舰艇一靠刘公岛，“将士纷纷移眷，间住岸者，一船有半”。由于上行下效，加上对“不肖者，碍情不加处治，故众多效尤，相习成风，视为故态”。

每年冬天，北洋水师按例赴南洋巡弋，停靠香港。上岸后，各级军官带头赌博，逛妓院，极尽声色犬马之乐。

在训练上，“琅威理在船教习，约束兵丁水手，管教严厉，技术颇有可观……自琅威理去而兵士、水手无所忌惮，船上一切器械锈糟日甚一日”。而且，平时操练炮靶、雷靶，将靶船事先固定，然后将军舰开到同样固定的地方放上几炮，以求百发百中。“中国水师操练不及他国后，徒求演放整齐……大炮打靶，设立浮标，预定远近……”

在军舰管理和日常保养维修上，情况也越发不妙。英国海军军官斐特曼特在察看北洋水师基地后说：“中国水雷船排列在海边无人掌管，外则铁锈堆积，内则秽污狼藉，使或海防告警，业已无可驶用。”

在用人上，“军中员弁，有才力不胜者，有学问不及者，有毫无所知其所司之职者，滥充其间。或碍于情面，或善于逢迎。在军中资格较深者，才力较胜者，久任不得升。而投效之人，入军便膺其上”。

有关北洋水师这一切，李鸿章既知道，又不尽知道。在治军方面，本来《北洋海军章程》“赏罚各有条例”，但各“将官多不遵行”。在校阅中，李鸿章也曾发现了一些问题，但他“亦示宽大”，觉得“这些武夫肯励志图功者不多”。他关心的只是北洋水师的船和炮，只要这些硬件设备在，就足以震慑他国。

然而，在各国海军都在快速发展时，清朝海军的硬件添置却慢了下来。李鸿章的靠山醇亲王奕譞也因病去世。

自从光绪皇帝举行亲政典礼后，慈禧太后宣布撤帘引退，进行“训政”，作为皇帝生父和执掌大权的醇亲王奕譞地位陡然上升。但奕譞深知慈禧太后为人，为了用实际行动来消除慈禧太后对他的猜忌，不久后他就上奏慈禧太后，说是旧病复发，请求辞去一切职务，回家养病。慈禧太后立即予以批准，并说今后“如遇朝廷大政，仍宜时备顾问”。

从此，醇亲王奕譞真的称病不出，过他的享福日子去了。1891年，奕譞突然去世了，时年仅51岁。醇亲王奕譞在台上时，和李鸿章的私谊极为深厚。每次进京，李鸿章不仅深受礼遇，而且大都住在醇亲王府中。一个是朝廷中执掌大权的王爷，一个是朝廷外肩负治军、外交、洋务再加上拱卫京师重任的“天下第一臣”，当时甚至有人说，“在内醇亲王主之，在外李鸿章主之”。醇亲王奕譞一旦撒手西去，慈禧太后少了一个潜在的政敌，李鸿章却失去了一个可以依赖的靠山。

接替醇亲王奕譞掌管总理衙门和海军衙门的是庆郡王奕劻。庆郡王奕劻是乾隆皇帝第17子永璘之孙，只能算个皇族后裔，但并非皇室近支宗室，在朝廷中的政治影响远不如“皇帝生父”醇亲王奕譞。而且，奕劻对政治不通，庸碌无能，贪污好色，身兼总理衙门和海军衙门两副重任，头两个月，仅去了一次海军衙门，腐朽之至，可想而知。李鸿章对这位不得不依附的王爷，只有自认倒霉。

醇亲王奕譞死了！李鸿章煞费苦心建立的政治联系从此了结！他必须一切从头开始。然而，北洋水师却无法从头开始。北洋水师近几年来的状况足以让人坐卧不安：为了“修园子”，不仅购买船炮的巨款成了泡影，连海军的常年军费也被挪用。为了挣几两白银增加收入以弥补经费不足，北洋水师只好动用军舰去跑运输挣钱。

早在北洋水师正式成军前两年，北洋水师利用派军舰赴朝鲜的机会，参与高丽人参走私活动。北洋水师正式成军后，面对常年严重缺乏经费的局面，又开始动用军舰参与商业营运活动。先是北洋水师的教练舰和货物舰来往于威海卫和旅顺之间运载旅客和货物，到了后来，运输规模越来越大。北洋水师的船票在天津电报局和各地电报分局公开挂牌出售，“旅游线路”除威海卫至旅顺外，又增加了烟台至旅顺、大沽至威海卫、威海卫至烟台等。北洋水师的大小军舰吐着滚滚浓烟，在渤海和黄海海面上往返穿梭，成了当时北方沿海客货航运主力。这是绝世仅有的怪相！

1891年6月，李鸿章在北洋水师正式成军后第一次校阅了北洋水师。按《北洋海军章程》规定，每三年朝廷要钦派大臣会同校阅海军一次。这次刚好是北洋水师成军三周年。经海军衙门奏准，光绪皇帝下旨，清朝政府委派李鸿章和山东巡抚张曜会同校阅。这是北洋水师正式成军后的第一次校阅，场面极为壮观。李鸿章在大臣海军衙门一大群官员陪同下检阅了北洋水师。不仅如此，李鸿章还邀请了各国驻华公使馆武官参观校阅。而北洋水师则调动了全部军舰和各基地的全部兵力。

李鸿章先后到达旅顺，大连、烟台、胶州各地，亲自视察了各处的海岸炮台、船坞、机器厂、鱼雷厂、水师学堂、水雷学堂，检阅了各地的陆军，还观看了北洋水师在渤海湾进行的施放鱼雷、海上大炮实弹打靶、舰队战术队形变换演练，历时半月有余。

检阅完毕，李鸿章勉励了丁汝昌一番。丁汝昌却满脸愁容，反映“北洋成军后，从没添置过一艘新舰，也没购回一门新式速射炮。海军常年经费严重匮乏，军舰不能正常维修，也不能正常训练。长此以往，万一国家有事，必将酿出大祸”。

李鸿章心里也很明白：就北洋水师购买的那些舰只，如果实力不能再增加的话，再加上原有舰只老化，一旦海上有事，很难应付。可惜他也无能为力，朝廷不给钱，能怎么办呢？但他不敢明说，只是表示自己一定会努力申请经费。

有位外国武官参加这次检阅后，在上海《申报》上撰文说，北洋大臣此次校阅海军“带着胜利进军的神气……他的毕生事业摆开在一切人面前，让大家欣赏。他的要塞、学校、铁路和船坞，船和炮，都粉饰油漆焕然一新。礼炮齐鸣，龙旗招展，向他的过去和未来致敬”。

★北洋水师军舰跑运输

当时外国人报道说：“清国炮舰和煤船在烟台与旅顺口威海卫海军基地之间，从事日益增多的旅客运输业务。”第二年，又报道：“北洋水师‘大批军舰在本港（烟台）与旅顺口之间往来行驶，他们无疑是进行定期运送旅客的生意’，把军舰作为客轮使用，使欧洲人很吃惊，认为这是很不寻常的……”

频繁地从事商业营运，给北洋水师带来的后果是极为严重的。到甲午战争爆发时，一些舰只由于机器磨损过重，航速大大降低，有的舰只如“超勇”号撞击巡洋舰的锅炉已几乎报废。

还有更奇怪的事，广东海军的“广甲”号无防护巡洋舰直到甲午战争爆发前，每年都要负责从广东运送“岁贡荔枝”到京城，供慈禧太后等人品尝。

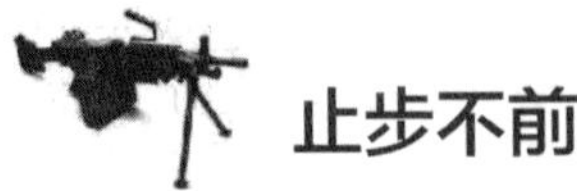

止步不前

在李鸿章检阅北洋水师后不久，1891 年 6 月底，北洋水师再次访日。此刻，俄国在修建西伯利亚铁路之后，把侵略的触角进一步伸向远东，图谋把势力范围扩大到朝鲜，以获得防御英国北上的前沿阵地。日本已确立了侵略朝鲜作为日后扩张跳板的政策。俄国的举动使日本极为不满。俄国和日本的矛盾进一步加深。

清朝政府对俄国、日本的企图与矛盾尽收眼底。为使传统保护国朝鲜不落入日本或者俄国手中，清朝政府决定“联络外交，整顿海防”，实行外交与军事互为表里的国策：即在外交上继续坚持对朝鲜的保护权，在军事上通过展示清朝强大的海军力量来在该地区树威。

另一方面，日本为了在国内制造积极扩充海军战备的舆论，同时对北洋水师的作战能力进行再次摸底，也大力邀请北洋水师访问日本。

北洋大臣李鸿章想再次吓一吓日本。在他亲自安排下，于 6 月 26 日由丁汝昌率北洋水师的精华——“定远”号铁甲舰、“镇远”号铁甲舰、“致远”号防护巡洋舰、“靖远”号防护巡洋舰、“经远”号装甲巡洋舰、“来远”号装甲巡洋舰 6 艘军舰，从威海卫启程正式访问日本。在舰队出发前，李鸿章知道北洋水师军纪不严，也鉴于上次“长崎事件”，电饬丁汝昌要严加管束，而且一定要注意军容。

6 月 28 日，北洋水师到达日本马关，6 月 29 日开赴神户，7 月 1 日抵达神户。舰队在神户加煤添水后，按预定计划直驶横滨。7 月 5 日 15 点，北洋水师抵达日本横滨港。北洋水师随着旗舰“定远”号铁甲舰发出的旗号变换队形驶进港口。“定远”号铁甲舰鸣 21 响礼炮，向日本海军致礼。日本海军方面负责接待的“高千穗”

“高千穗”号防护巡洋舰

号防护巡洋舰也鸣 21 响礼炮作答。当时，停泊于港中的英国军舰、美国军舰也鸣 13 响礼炮，向北洋水师致敬。一时间礼炮轰鸣，此起彼伏，热闹非凡。

有经验的日本军官很快就看出了北洋水师的缺陷：大炮没有擦干净，内膛里满是灰尘——这说明北洋水师在军械保养以及军纪方面存在着严重的问题。日本对清朝北洋水师到访竭尽礼仪之能事，所到之处或礼炮致礼，或夹道迎接，在各种场合都表现得“礼意甚隆”，希望以此表达亲善之意。日本还特地安排了明治天皇接见丁汝昌以及北洋水师各舰管带，礼节非常隆重；日本外相夏本武扬亲自举办游园会，招待北洋水师将领；日本海军也以招待会的形式招

清军的“镇远”号铁甲舰

待北洋水师官兵。

北洋水师也表现出礼仪之邦的风范，作了必要的答谢，并对“两国日增之友谊”感到十分欣悦。7 月 16 日，丁汝昌在“定远”号铁甲舰上举行招待会，邀请包括国会议员和记者在内的日本各界人士出席。通过这一活动，北洋水师在礼貌地答谢日方接待的同时，再次向日本人炫耀了武力。

日本朝野人士参观完“定远”号铁甲舰和“镇远”号铁甲舰后，普遍感到羞惭。这两艘军舰铁甲之厚、炮火之强，极大地震慑了他们。日本当局受刺激不小。日本舆论也大力渲染日本国内“对强大的北洋水师的威力感到恐怖”的社会心态。

北洋水师在横滨港停留了约两个星期。丁汝昌率舰队前往长崎访问。8 月 4 日，北洋水师离开日本回国，于 8 月 11 日返抵威海。至此，历时 40 余天的北洋水师访日计划全部完成。

与上次不同的是，此次出访者对日本近年来海军的快速发展深感吃惊。右翼总兵刘步蟾力陈北洋水师战斗力不如日本海军完善，因此北洋水师添船换炮已刻不容缓。而丁汝昌则认为，北洋水师规模相比日本而言具有一定的优势，但也存在问题，主要是以前所购置的舰船经历多年，已有不少落伍，机器也有些运转不灵，同日本新式快船差距较大，且没有装备快炮，一旦有战事恐难支撑。为此，丁汝昌请示李鸿章，要求增购舰炮船只以备防御。

丁汝昌切合时宜的请求遭遇了一瓢冷水，他对北洋水师的忧虑迎来了当头一棒。掌管户部的翁同龢以经费短缺为由，继续压缩海军经费。朝廷下旨，两年内禁止北洋水师购买外洋枪炮、船只和器械，补充装备的费用不拨给。

北洋水师官兵听到消息后，纷纷向提督丁汝昌建议，请朝廷收回成命。丁汝昌虽然把官兵意见汇报给了李鸿章，但无济于事。慈禧太后修建颐和园是压倒一切的大事，而户部多年入不敷出。翁同龢是光绪皇帝的老师，是“清流”的领袖，对洋务派领袖李鸿章有

日本明治天皇

成见。因而李鸿章在这件事上，既不能得罪慈禧太后，也难以赢得翁同龢的支持。

在此后几年，北洋水师并没有多大改观，在力量上与初建时并无多大变化，武器装备没有任何更新。而慈禧太后还以为北洋水师足以震慑日本。

相比之下，日本则是另一番景象。日本时刻企图侵略东亚大陆，在周边进行的一系列侵略活动被清朝政府默认，虽然两次被清朝北洋水师的实力所刺激，但日本从政府到民间都从未放弃打败清朝、侵略东亚大陆的梦想，相反空前地坚定了决心，破釜沉舟，集中一切可以集中的力量，以期望打败北洋水师，达到侵略中国的目的。

北洋水师规模巨大、整齐划一和强壮勇武的外观给日本人留下了难以忘怀的印象，也让日本人看出了隐藏的不足。北洋水师访日又给了已把中国作为头号假想敌的日本政坛和军界以极大刺激。日本政要认为，必须加大日本海军的投入，把建设一支足以对付北洋水师的海军作为其最高命令。

于是，深受刺激的日本随之掀起了超常的加速扩充海军军备的高潮。就在日本天皇接见北洋水师管带们的前一天，日本内阁提出了 5860 万日元的海军支出方案，计划在 9 年内建造 4 艘 1 万吨级的铁甲舰和 6 艘巡洋舰。该方案获得了日本国会全票通过。

1892 年，日本新上台的伊藤博文内阁公布了建造 10 万吨军舰的计划。该计划在明治天皇的裁决下很快得以落实。1893 年，明治天皇又发布敕谕：在其后 6 年中继续勒紧裤带，每年从内帑中拨出 30 万日元，从文武官员的薪金中抽出十分之一作为造舰费上缴国库。

清朝和日本对同一件事的不同态度，最终导致双方实力对比发生了根本性变化。清朝装备一流的舰队如强弩之末，因为其自大和海军经费得不到保障，实力原地踏步，甚至逐渐萎缩；而日本海军虽为二流舰队，因为其野心和全国上下一致努力，不断更新装备，实力不断状大，日趋强盛。在激烈的海军竞争中，中日两国海军之间的差距日渐缩小，北洋水师在前些年里所积累的海军优势基本上被穷追不舍的日本海军拉平了，并朝着劣势方向发展。

北洋水师尚且如此，南洋水师更是惨不忍睹了。朝廷没钱，而且海军一直以发展北洋水师为主，因而南洋水师添置的舰艇少得可怜。加上 1890 年两江总督曾国荃去世，南洋水师朝中无人，其发展便成了一句空话。

再次之的广东水师，由两广总督张之洞自筹自办，总算置办了些小舰艇，但能出战的仅仅只有“广甲”号无防护巡洋舰、“广乙”号鱼雷巡洋舰和“广丙”号鱼雷巡洋舰 3 艘（甲午战争时，3 艘军舰划归北洋水师指挥，先后于丰岛海战、黄海海战、威海卫之战中被击沉）。而福建福州船政局的军舰在马尾海战中几乎被摧毁殆尽。

1894 年，经海军衙门奏准，李鸿章会同海军衙门帮办大臣定安校阅北洋水师。

这次校阅，除北洋水师的全部军舰外，海军衙门还从广东水师抽调了几艘军舰前来“会操”。此次校阅，除了直隶省和北洋水师的各级高官外，李鸿章还特意邀请了英国、德国、法国、俄国、日本等国的外交使节随同参观。

英国外交官濮兰德事后这样描述：“李鸿章每三年检阅一次海防，这次是在他威望极盛时。但是，乌云已经渐渐地集到天空，要使他声望的阳光永远掩盖起来了。回想到他成功地展览了他的出品，在欢呼与感激声中回来时，人们不能不奇怪，这个老年人是自欺到何种程度，竟然满足于这虚幻的伟大工程。”

其实，濮兰德根本不明了李鸿章的心情。

东邻岛国，突然崛起的日本海军正咄咄逼人，让人有不祥之感，而清朝政府仍然懵懵懂懂。日本海军在“速度重于装甲厚度”“射速重于火炮口径”的新观念支配下，正在大力改进舰队，购回行驶速度更快、火炮射速更高的新式作战舰只。而北洋水师自1891年后未购进一船一炮，不仅在装备数量上受到严重制约，在质量上也未能及时进步。

在这次校阅前，丁汝昌发现船炮老化问题严重，便在给李鸿章的报告中提出了一个解决问题的补救方案：为25艘军舰更换新型锅炉，以提高航速。此项工程计划用10年完成，每年需要15万两白银；购买21门德国新式120毫米口径克虏伯速射炮，分别安装在主力舰只上，需用61万两白银。考虑到慈禧太后六十大寿庆典在即，李鸿章没敢把丁汝昌的建议奏报朝廷。

这次校阅后，李鸿章才向朝廷奏称："西洋各国以舟师纵横海上，船式日新月异。臣李鸿章此次在烟台、大连湾亲诣英、法、俄各铁舰，详见察看，规制极精坚，而英舰尤胜一筹。即日本蕞尔小邦，犹能节省经费，每年增添一只巨舰。中国自（光绪）十四年北洋水师开办以后，迄今未添一船，仅能就现有大小二十余艘勤加训练，窃虑今后难以为继……"

接着，他又发了点牢骚："北洋全系海面，海军规模虽云初具，而就现有船舰而论，比之西洋海军，仅能说是半支海军……"他还忧心忡忡地提到：照眼下中日两国海军实力，一旦发生战事，"海上交锋，恐非胜算"。

光绪皇帝的复谕除了褒奖李鸿章治理海军有功外，只字不提购船之事。因为这一年是慈禧太后的六十大寿，而且宏丽的颐和园完工了，没有任何人敢惹慈禧太后不高兴。

就在这时，李鸿章接到袁世凯关于朝鲜东学党起义的电报。当时，他万万没想到，这就是与日本交战的信号。

★日本媒体报道的"参观北洋水师"

1891年7月8日，东京《朝日新闻》以《清国水兵现象》为题报道了观看北洋水师的感受："登上军舰，首先令人注目的是舰队的情景。以前来的时候，甲板上放着关羽的像、乱七八糟的供香，其味难闻之极。甲板上散乱着吃剩的食物，水兵语言不整，不绝于耳。而今，不整齐的现象已荡然全无。关羽的像已撤去，烧香的味道也无影无踪，军纪大为改观。水兵的体格也一望而知其强壮武勇。唯有服装仍保留着中国风格，稍稍有点异样之感。军官依然穿着绸缎的中国服装，只是袖口像洋人一样饰有金色条纹。裤子不见裤缝，裤边处露出缝线，看上去不见精神。尤其水兵的服装，穿着浅蓝色的斜纹布装，几乎无异于普通的中国人，只是在草帽和上衣上缝有舰名，才看出他是一个水兵。”

第三章

战火突起

入朝助剿

1894年，朝鲜东学党人起义。这件事不经意间成为清朝和日本武装冲突的导火索，也是北洋水师走向灭亡的重要一环。

1894年1月10日，朝鲜全罗道古阜郡郡守赵秉甲贪酷异常，东学党人金琫准带领农民揭竿而起。各地纷纷响应，起义顿时呈现燎原之势。不久，起义军便占领了全罗道首府全州。

朝鲜政府军前去镇压。结果，军队还没开到前线，便逃跑了一半。东学党乘势攻占了朝鲜半岛南部的金州、忠清、庆尚三道，直逼汉城。朝鲜王室一下慌了手脚，于5月31日正式通知袁世凯，请求清朝政府派出军队，帮助清剿东学党。

袁世凯知道朝廷与日本人签有《天津条约》。根据《天津条约》，如果清朝接受朝鲜的请求派兵，那么日本也可以出兵。日本出兵绝非好事，那样极有可能引起军事冲突，所以袁世凯对朝鲜的请求不得不慎之又慎。但袁世凯作为中国在朝鲜的最高负责人，有责任了解日本对中国出兵作何反应。

正在他一筹莫展之际，日本驻朝公使馆翻译官郑永邦来了。郑永邦试探地问袁世凯："朝鲜局势已经这样，中国政府为什么还不出兵？"袁世凯没有心理防备，将重要的国家机密泄露给了郑永邦。

在袁世凯看来，郑永邦的祖辈是中国人，几代人不过是以“通事（翻译）”为业罢了。他认为郑永邦虽是日本的外交官，但身上流着的却是中国人的血液，他是不会出卖中国的。

谁知道，明治维新后，日本处于上升阶段，身上流着中国人血液的郑永邦比日本人还爱日本。他会晤袁世凯的目的就是要利用袁世凯对他的亲近感，欺骗和愚弄袁世凯，使之做出符合日本利益的事——让中国出兵。

“济远”号防护巡洋舰甲板上的装备

袁世凯被郑永邦欺骗了，相信了郑永邦告诉他的“日本国内闹得一塌糊涂，根本没有精力出兵”。袁世凯将同郑永邦的谈话内容报告了李鸿章，并向李鸿章建议：“日本国内多事，顾不上出兵。……即使以《天津条约》为理由，派兵来朝鲜，顶多也不过是用以保护公使馆的少量兵员。”

事实上，日本国内的确在争论——伊藤博文内阁和反对派之间在国会内外对关于中国是和是战的问题争论激烈。

袁世凯报告李鸿章后第二天，日本驻朝大使杉村濬拜会袁世凯，表达了对当前局势的忧虑，“汉城甚危，中国应先调兵前来防护”。袁世凯和杉村濬的私交很好，认定对方是私下透露内幕，讲的是真心话，因而对自己此前的判断更坚信不疑。

日本高级间谍荒尾精

事后，袁世凯给李鸿章发电报说：“……顷倭署使杉村濬来晤，该意亦盼华速代戡，并询华允否。凯答，韩惜民命，冀抚抚散，及兵幸胜，姑未文清，不便遽戡。韩民台请，自可允。”

袁世凯几次发电报，李鸿章下定了决心。他向丁汝昌下令，让“济远”号防护巡洋舰、“扬威”号撞击巡洋舰开赴朝鲜牙山、仁川。同时，他又命令直隶提督叶志超、太原镇总兵聂士成率淮军 1500 名精兵，乘招商局的轮船开赴朝鲜。

同时，清朝驻日本公使汪凤藻照会日本政府，郑重声明：一旦朝鲜局势安定，立即撤军。

清军决定武力帮助朝鲜平定战乱，却不知不觉地踏入了日本人挑起战争的陷阱里。日本人处心积虑备战，要一举击败清朝，而清朝却浑然不知。

早在 7 年前，日本人就已下定发动战争的决心，提出了“以 5 年为期，作为准备，抓住时机，准备进攻”的口号。1893 年 5 月 19 日，明治天皇批准了《战时大本营条例》，标志着日本已经完成对清朝作战的准备。同时，明治天皇还批准了《海军军令部条例》，为出师作战和海防防御做准备。

此后几年，日本的军费开支从占国民收入的 10% 猛增到 30%，后来甚至上升至 41%。日本海陆军以清军作为假想敌，进行了一次又一次攻击军事演习。同时，日本派出间谍刺探各方面的情况，对清军“比中国人自己更了解”，并绘制了中国东三省、朝鲜、渤海湾等地的详细地图。

经过一番准备，日本参谋部制定出详细的侵华作战计划——《讨伐清国之策略》。这份计划共分三个作战时期实施：

第一期：日本陆军占领朝鲜全境，击败清国在朝鲜的陆军，诱使清国海军出援；然后，日本海军与北洋水师主力决战，并一举歼灭之，从而掌握黄海和渤海的制海权；

第二期：陆军入侵清国，迅速占领清国渤海湾两岸的辽东半岛和山东半岛；

第三期：在渤海湾组织大规模登陆作战，然后直插清国首都北京，在紫禁城下迫使清国投降。

在制定作战计划时，日本同时也考虑到了一旦战争失利后的退路：

1. 如果日军顺利占领朝鲜，并控制了制海权，即趁势果断出兵清国；

日本混成旅团在仁川港登陆

2. 如果与北洋水师作战不利，不能完全掌握制海权，在日本本土不受清军进攻威胁的情况下，力求暂保对朝鲜的占领；

3. 如果在海战中日本舰队被清国北洋水师击败，而日本本土又受到清国军事进攻的威胁，则调回赴朝日军以抵御清军可能的跨海入侵。

“清国肯定会出兵”的消息在日本见报后，日本人兴奋不已，奔走相告。

6 月 5 日，日本军部正式成立战时大本营，由天皇亲任最高统帅，并决定：此项有关战争的统帅权事宜，不受任何国家机关制约。同一天，明治天皇秘密下达了动员令，并批准向朝鲜派出一个混成旅团。

6 月 8 日，日本先行派遣一户兵卫率领一步兵大队从日本宇品港向朝鲜进发。在清军到达牙山的同时，他们从仁川登陆。10 日，日本驻朝鲜公使大岛圭介率领 400 名海军陆战队员直奔汉城，另有 50 名陆战队员乘“顺明”号轮船从水路赴汉城。

在中日两国出兵的同时，朝鲜东学党起义军感觉大势不妙，于是同朝鲜政府签订了休战和约。6 月 11 日，东学党起义军全部退出了全州。

日军在仁川登陆，朝鲜王室和政府惊恐不已。他们立即在汉城王宫召开了紧急会议，商议对策。经过商议，朝鲜国王和大臣们一致认为：不论清国还是日本，都应立即将其军队撤回本国。

但清军是自己请来的，怎么办？会议决定，找出一个责任者，将一切责任推到他头上。最终，时任国防大臣的闵泳骏成为替罪羊。

6月11日，朝鲜国王下令，以卖国贼的罪名逮捕国防大臣闵泳骏。同时，朝鲜政府恳求袁世凯："希望未到达的清军，在中途返回去。"朝鲜政府认为，因为清军来朝鲜，所以日本才来；倘能让清军撤回，日本也一定会撤兵。

到此时，袁世凯才恍然大悟，发觉上了日本人的当。日本人一再鼓动清朝出兵，看来的确是个圈套——为日本人出兵朝鲜寻找合适的借口和时机。

袁世凯别无他法，责令朝鲜政府赶紧与日本交涉，阻止日本出兵。朝鲜政府当即约见日本驻朝代理公使杉村濬，说"我国政府并未请求贵国出兵"。杉村濬傲慢地回复，日本出兵是根据《天津条约》第三条。

阻止日本出兵是办不到了，这和让清军在中途停止一样，朝鲜政府只得听天由命。袁世凯没别的办法，只盼在牙山登陆的清军能早日本兵一步进入汉城，好做部署，以应对不测事件发生。但是，那几天恰逢大雨，按照清军的惯例，登陆、调动军队等活动遇雨便不会进行，因而清军不得不延缓几日进入汉城。

与清军相反的是，日本却并未因雨而停在仁川不动。日军不仅冒雨行军，而且争分夺秒，全力争取抢在清军前到达汉城。

6月12日，日军进入汉城，并迅速在日本公使馆的小山丘上构筑了阵地。6月12日，朝鲜政府向日本政府提出抗议。朝鲜外署（外交部）立即照会大鸟圭介，要求日本撤兵。但是，日本拒不接受。袁世凯便期待各国外交向日本施加压力。

陆奥宗光

各国公使施展外交压力，大鸟圭介有点害怕了，便请求取消派遣后续部队之举。日本外相陆奥宗光断然拒绝了大鸟圭介的请求："停止登陆恐难照准！开战之事，已写进日程表，不能更改。"6月12日，日本战时大本营决定把第五师团动员起来，开赴朝鲜。

6月12日，1200名清军在牙山登陆。6月13日，朝鲜政府请求清朝政府撤兵。李鸿章当日电令叶志超，率部撤至牙山，"整备归装"。日本得到这一消息，有些慌神：不能让清军撤出朝鲜！

6月16日，由大岛义昌率领7000人的混成旅团在仁川登陆成功，并迅速抢占了仁川到汉城一带的战略高地。同时，日本海军也派出"联合舰队"的"松岛"号防护巡洋舰、"千代田"号装甲巡洋舰、"高雄"号巡洋舰、"赤诚"号炮艇、"紫筑"号巡洋舰、"大

“吉野”号防护巡洋舰

和”号巡洋舰、“八重山”号巡洋舰和“吉野”号防护巡洋舰共计8艘军舰控制了从釜山到仁川的海域，并立即布设水雷，进入紧张的临战状态。

6月17日，陆奥宗光向清朝政府提出两国“会剿”，共同帮助朝鲜改革内政的方案。这无疑是赤裸裸地向清国挑衅。陆奥宗光说：“就是要使阴云变为暴雨，促使日中决裂！”

6月21日，清朝政府强硬地拒绝了日本的方案，坚持要求双方撤兵。同日，日本举行了御前会议，决定向朝鲜继续派出第二批部队，并撇开清朝，单独胁迫朝鲜政府“改革内政”。

6月22日，在朝日军接到了来自日本大本营的绝密训令：“按今日之形势，衅端已开，交战在所难免，因此……不惜采取任何手段，制造开战借口。”同日，日本政府向清朝政府发出《第一次绝交书》，声称：“设与贵政府所见相违，我断不能撤现驻朝鲜之兵。”

★袁世凯逃离朝鲜

中日交战在即，驻朝鲜大使袁世凯发电报给清朝政府，说：“华人在此甚辱，凯在此甚难见人，应下旗回，拟留唐（绍仪）守看管探事。”但李鸿章复电说：“要坚贞，勿怯退。”袁世凯又发了几份急电，内容概括起来只有一个“病了，要回国”！清朝政府瞻前顾后，对是和是战拿不定主意，因此也不知应不应调袁世凯回国。袁世凯见电报犹如石沉大海，心中惶惶。

电报中，袁世凯把自己的病情说得十分严重——“头目昏晕、周身剧痛”。他哀叹说，自己就要魂归他乡了，称：“凯病如此，唯有死，然死何益于国事，痛绝。”

在其再三哀求下，李鸿章同意了他的要求。袁世凯接到消息后欣喜若狂，打点行装，溜出使馆，抄小路直奔仁川，爬上军舰逃回了天津。

匆忙备战

自日本向朝鲜出兵以来，光绪皇帝一直焦虑不安。他的第一个念头就是朝鲜万万不能丢失。这不仅事关天朝的脸面，还直接维系着清朝江山的安危——朝鲜与清朝龙兴之地山水相连。

光绪皇帝严令李鸿章："日本人不撤兵，大清国就绝不能撤兵！"

光绪皇帝震怒，李鸿章不敢提出将叶志超、聂士成部先行撤回。于是，李鸿章电令他们在牙山就地构筑阵地，以防不测。袁世凯电告李鸿章说："倘若日本无撤兵之意，中国也应增兵……请先调水师速来，严加防备，然后陆续增派陆军，以为后备。同时，请各国驻我国公使从中斡旋，或可不致立即决裂。"

海军总理衙门也问李鸿章："应否添兵？"如果增兵，日本势必也要增兵，这样下去，后果实难预料。李鸿章的内心极为担心，虽然如此，他还是电令丁汝昌，增派北洋水师"镇远"号铁甲舰、"超勇"号撞击巡洋舰、"广丙"号鱼雷巡洋舰赶赴仁川海面，以"壮我军胆"。同时，李鸿章严令叶志超不可先开第一枪。他在电报中说："日虽竭力备战，我不先与开仗，彼不动手，此万国公例，谁先开战谁理诎……"

当时的局势，要么增兵，要么撤兵，必须作出决断。面对这一问题，朝野分歧巨大。慈禧太后愤怒了，最终拍板："堂堂中华，岂能容忍日本一个区区小国的凌辱？如果日本定要开战，我大清决不能示弱！"

慈禧太后发话，李鸿章不敢不从，尽管他内心极其害怕与日本开战，但他不得不准备与日本开战。

7 月 14 日，日本公使向总理衙门呈送《第二次绝交书》。朝廷一时舆论大哗，光绪皇帝更是气愤不已，决意与日本一战，当即电令李鸿章："日本现已提出绝交，又用重兵挟制朝鲜，议和已不可能，应速筹战备，以防备日本突然进攻。着李鸿章速为筹备，先派一军由陆路前往边境驻扎，以随时进兵朝鲜，接应叶志超部。"

李鸿章在天津得知这一消息后，许久没说出话来。因为光绪皇帝不了解清军的战斗力，也不了解局势真相，更不了解他李鸿章根本就不想打仗以及北洋水师实力虚弱的现状，却以最高统帅的名义命令他备战。皇帝下旨了，李鸿章不想抗击日本人也不行了。

7 月 20 日，日本公使大鸟圭介向朝鲜政府发出最后通牒，要求其驱逐清军，限两天内答复。7 月 23 日，日军混成旅团在大岛义昌指挥下，悍然进攻汉城，攻占朝鲜王宫，劫持了国王，扶持亲日傀儡政权执政。7 月 25 日，亲日的朝鲜傀儡政权宣布废除同清朝政府签订的一切条约，并"委托"日军驱逐清军。

所有幻想在现实面前一一破灭，李鸿章不得不匆忙应战。

李鸿章位于天津的总督衙门彻夜灯火通明。数天来，他几乎没合过眼。他畏战却不得不指挥清军作战。他给叶志超部发电报，命其谨慎忍耐，同时传令左宝贵率奉军 3500 人、丰升阿率吉军 1500 人，从陆路开赴平壤；传令大同镇总兵卫汝贵率毅军 7000 人、提督马玉昆率盛军 2000 人，准备在天津塘沽登船，从海路增援朝鲜。此外，李鸿章令丁汝昌派出军舰接应叶志超、聂士成部，从牙山撤出转驶大同江登陆，与马玉昆、卫汝贵、左宝贵的援军在平壤会合。

左宝贵

此外，早在 7 月 17 日，李鸿章已调北塘护军统领吴育仁的部队，由记名提督衔总兵江自康统率赴朝。一旦开战，北有平壤的大队人马，南有牙山的叶志超部，可对日军形成夹击之势。

因招商局的轮船分送盛、毅两军赴大东沟，船只不够用，李鸿章便雇用了英国商人的“爱仁”号、“高升”号、“飞鲸”号运输船运送江自康的“仁”字军去牙山增援，由北洋水师管带方伯谦率“济远”号防护巡洋舰、“广乙”号鱼雷巡洋舰、“威远”号炮艇护航。

7月23日，方伯谦率领“济远”号防护巡洋舰等3舰抵达牙山。24日清晨4点，“爱仁”号运输船到达；14点，“飞鲸”号运输船到达；17点半，前往仁川交送电报的“威远”号炮艇回到牙山，带回日军昨天攻入朝鲜王宫、劫持国王、大队日本战舰将于明天到达的消息。

方伯谦命令官兵抓紧帮助陆军卸船，又令“广乙”号鱼雷巡洋舰、“威远”号炮艇两舰迅速回国，路上如果遇到“高升”号运输船，可令其速返威海卫或者天津。

但这时，“广乙”号鱼雷巡洋舰随带的汽艇已进入白石浦江，不能立即动身，而“威远”号炮艇是艘木舰，行驶缓慢，单独回国，若遇敌船袭击，实在危险。于是，方伯谦改令“威远”号炮艇先赴大同江一带，等待“济远”号防护巡洋舰、“广乙”号鱼雷巡洋舰到齐后，一同回国。

★畏战被杀的北洋水师将领方伯谦

方伯谦(1853–1894)，字益堂，福建侯官县人，北洋水师将领。毕业于福州船政学堂。1877～1880年，在英国学习驾驶军舰。回国后，任“济远”号防护巡洋舰管带。1894年，“济远”号防护巡洋舰与“操江”号炮艇护送“高升”号运输船途中，在丰岛海域遇日本袭击。方伯谦畏战，弃“操江”号炮艇和“高升”号运输船于不顾，带“济远”号防护巡洋舰逃回国内。9 月 17 日，在黄海海战中，他再次逃出战场。清朝政府以怯战之罪处斩方伯谦。方伯谦对战败负有不可推卸的责任。

丰岛遇袭

7月25日拂晓4点，“济远”号防护巡洋舰、“广乙”号鱼雷巡洋舰起锚，向西疾驶；5点半，南方地平线上，忽地显出几缕淡淡的黑烟；7点，方伯谦发现那是日本舰队的3艘军舰；7点15分，方伯谦下令，全体官兵进入岗位，准备迎敌。

其实，日本舰队早已发现了北洋水师的军舰。在此之前，日本海军司令伊东佑亨把日本海军分为“本队”“第一游击队”和“第二游击队”。出现在方伯谦面前的是日本海军“第一游击队”，共拥有“吉野”号、“浪速”号和“秋津洲”号防护巡洋舰，司令是坪井航三。

坪井航三早年曾在美国亚洲舰队旗舰“科罗拉多”号上学习。“吉野”号防护巡洋舰1893年回日本后，一直在他指挥下。“吉野”号是新式巡洋舰，排水量为4150吨，几乎和旗舰“松岛”号防护巡洋舰相等，最高航速为23节，超过北洋水师主力舰“定远”号、“镇远”号铁甲舰8节。“吉野”号防护巡洋舰装备有12门150毫米和120毫米口径的速射炮、4座新型鱼雷发射筒，是当时最先进的舰只之一。

两支舰队越来越近，打还是不打？坪井航三有些犹豫。出发

日军“秋津洲”号防护巡洋舰

前，伊东佑亨曾告诫他：“海上征战，首战举足轻重。在牙山湾附近，只有遇到强大的清国舰队才可以发动进攻，如仅遇到清国零散舰只，则不必管它，以免过早暴露我舰队的作战意图。”

见主帅犹豫，舰队参谋说：“究竟是强是弱，都必须通过战争来判断。总之，无论如何也要攻击！”坪井航三本来就好战，在属下鼓动下，遂下令各舰戒备，以 15 节航速向前逼进。

此时，日本军舰在清朝舰队的南方向北航进。丰岛附近海面南宽北窄，对日本战舰的回旋运动不利。为了占据有利位置，日本战舰故意向右 16° 变换，转舵向东行驶，以便待清朝军舰驶至丰岛南侧海面宽阔处再行转舵攻击。

方伯谦见日本战舰东去，以为不致挑衅，不由松了口气。当“济远”号防护巡洋舰、“广乙”号鱼雷巡洋舰驶至丰岛南侧海面时，日本战舰突然转轮西下，以单列纵阵向“济远”号、“广乙”号追击而来。

7点45分，“吉野”号防护巡洋舰首先向清朝军舰开火；52分，“济远”号防护巡洋舰发炮还击；55分，“秋津洲”号防护巡洋舰开炮；56分，“浪速”号防护巡洋舰开炮。刹那间，震耳欲聋的爆炸声撕裂了宁静的海面。

“济远”号防护巡洋舰是钢质半铁甲的巡洋舰，排水量2300吨，

被焚毁的“广乙”号鱼雷巡洋舰

1500马力，航速14.5节，配有舰炮18门、鱼雷发射管4具，1883年下水，1885年秋交付清朝使用。“济远”号防护巡洋舰是在1883年中法战争濒临爆发时追加订购的，其武器配备不够理想。

“广乙”号鱼雷巡洋舰原来不属于北洋水师，原名叫“广东之乙”。广东舰队所有“广”字号军舰均为钢骨架半铁甲巡洋舰，排水量1000吨，2400马力，航速16.5节，配有11门舰炮、4具鱼雷发射管，1890年下水，乘员110人。“广乙”号鱼雷巡洋舰是来北洋水师学习的。

虽然清军两艘军舰对阵日本3艘军舰，少几千余吨总排水量，少50余门火炮，航速也比日本战舰慢，但清朝军舰依然沉着应战。

战斗一开始，日本3艘军舰依仗其速度快、速射炮多的优势条件，以“吉野”号防护巡洋舰居先，成鱼贯纵阵，用一舷齐射的火力，向清朝的军舰猛烈开火，集中炮火聚攻“济远”号防护巡洋舰，弹密如雨点。

一枚炮弹落在“济远”号防护巡洋舰上，大副沈寿昌被弹片击中头部，脑浆迸裂，溅了方伯谦一身。枪炮二副柯建章一见，急忙抢上前去。又一发炮弹落在前炮台爆炸，柯建章被敌弹击中，胸腹洞穿，内脏和着血水将他浸泡成了一团。天津水师学堂的实习生黄承勋奋然登上炮台，召集炮手装弹射击。

“广乙”号鱼雷巡洋舰还在远处，一时无法支援“济远”号防护巡洋舰。坪井航三立即命令日本的3艘军舰对“济远”号防护巡洋舰展开围攻：以三击一，一举击沉“济远”号防护巡洋舰！

一时间，“济远”号的前炮台积尸累累，竟至火炮都无法转动。

“搬开伤员！前主炮，瞄准射击——”黄承勋的声音被敌人炮弹的爆炸声淹没了。他话未说完就中弹身亡。

“广乙”号鱼雷巡洋舰管带林国祥见日军3艘军舰围攻“济远”号，当即向“吉野”号和“秋津洲”号防护巡洋舰之间疾驶，企图切入。它的突然攻击，吓坏了坪井航三。“吉野”号害怕“广乙”号发射鱼雷，赶紧向左规避，被逼出战场，在海上画了一个巨大的弧圈后才重新加入战斗。

7点58分，“广乙”号又逼近“秋津洲”号到600米处，准备发射鱼雷。“秋津洲”号上的日本人慌作一团，大小舰炮一齐朝“广乙”号鱼雷巡洋舰乱射。密集的弹雨，铺天盖地。其中一发炮弹击中“广乙”号的桅杆，桅炮炮手当即从空中坠落……

此时，天空浓烟弥漫，敌我军舰除了在偶尔的间隙露下面外，几乎难以分辨。丰岛海面上，5艘军舰纠缠恶斗在一起。蓦然，日本“浪速”号防护巡洋舰发现清军“广乙”号已逼近其舰艇三四百米处，立即向左转舵，并用前主炮、左舷炮向“广乙”号疾射。炮弹击中“广乙”号的舰桥。

几乎同时，“广乙”号的一发炮弹穿透日本“浪速”号左舷，由内部钻过后部钢甲板，炸断其备用锚并炸坏锚机。

趁敌舰受伤、队伍不整之机，林国祥指挥身受重伤的“广乙”

号冲出敌阵，向朝鲜西海岸方向撤退。

此时，“济远”号多次中弹，弹痕累累，将士伤亡枕藉，18 人阵亡，40 余人受伤，军舰上到处都是鲜血。

8 点 20 分左右，在“广乙”号退出前夕，“济远”号后主炮的一枚炮弹穿入日本“吉野”号的右舷，打坏发电机，又穿过机舱防御装甲，落入轮机舱，可惜未爆炸。但这一下吓得坪井航三差点灵魂出窍。

战斗出现了短短的停顿，方伯谦命人清点人数，全舰将士 18 人阵亡，40 余人受伤。方伯谦环顾四周，见“广乙”号已撤出战斗，他略为思考后，命令“济远”号向西撤退。此时，“济远”号虽中弹无数，所幸均非要害，机器无损。

日军一见，立即兵分两路追击。“秋津洲”号向东追赶受伤退出战场的“广乙”号；“吉野”号和“浪速”号则开足马力疯狂地追赶“济远”号，并边追边向“济远”号发炮。

正在这时，西南方海面冒出黑烟，两艘轮船向东驶来。方伯谦从望远镜中看清：前方海面是己方的“高升”号运输船和小型军舰“操江”号炮艇。当即发出“我已开仗，尔须速回”的旗语。

此时，日本“浪速”号全速超过“吉野”号，一步步向“济远”号逼近。

“浪速”号舰长东乡平八郎发现在“济远”号的桅杆上升起了一面白旗。

“是投降吗？”东乡平八郎有点摸不着头脑了。

两舰相距 3000 米时，日本“浪速”号开炮了；而清军“济远”号上一片死寂，没有作出任何反应。

这时，东乡平八郎惊奇地发现，“济远”号的桅杆上又升起了一面日本海军旗。东乡平八郎命令旗兵发出旗语：“立即停轮，否则炮击！”同时，他得意地向坪井航三报告：“敌舰已投降！”

★东乡平八郎

东乡平八郎（1848—1934），日本海军元帅，侯爵，与乃木希

东乡平八郎

典并称日本军国主义的“军神”。东乡平八郎自幼修文习武，后来又专心研究炮术。1863 年，他参加过抗击英国人的萨英战争。1866 年，萨摩藩成立了海军，东乡平八郎参加了海军，开始步入军界。国内战争期间，东乡平八郎拥戴明治天皇，主张统一，建立天皇制政府。1868 年初，他作为海军士官乘坐萨摩藩的“春田”号战舰，同幕府方面的海军司令榎本武扬的“开阳”号战舰进行了海上决战。阿波冲海战是日本欧式军舰间交战的开端，是日本国内战争史上重要的一页。东乡平八郎跟随“春田”号远征北海道，转战各地，为明治政府初立战功。

损船折舰

当日本“浪速”号防护巡洋舰追赶清军“济远”号防护巡洋舰时，由西南驶来的“操江”号炮艇和悬挂英国旗的“高升”号运输船渐次靠近。“高升”号运输船发现“济远”号防护巡洋舰上的旗帜降落一次，又升了上去，没有看清楚旗语，以为是“济远”号在向它打招呼，遂放心地继续向东驶去。但“操江”号炮艇却看懂了旗语，看到“济远”号防护巡洋舰挂出命其“速回”的旗，当即减速调头回驶。

一转眼，“高升”号运输船就要通过正在全速追击“济远”号防护巡洋舰的日本“浪速”号防护巡洋舰右侧。东乡平八郎一见，立即向“高升”号运输船发出了“抛锚停轮”的命令，“济远”号防护巡洋舰则借机加速西逃。

坪井航三命令“浪速”号防护巡洋舰掳获“高升”号运输船，送至日本“联合舰队”司令部处置。随后，“吉野”号防护巡洋舰继续追击“济远”号防护巡洋舰，并令“秋津洲”号防护巡洋舰舍弃“广乙”号鱼雷巡洋舰，前去截击“操江”号炮艇。

“济远”号防护巡洋舰此时已驶离“吉野”号防护巡洋舰 7 海里之外，但“吉野”号防护巡洋舰航速远远比它快，花不了多长时间就能追上它。

12 点 38 分，“吉野”号防护巡洋舰已赶上“济远”号防护巡洋舰。两舰相距只有 2500 米时，“吉野”号防护巡洋舰以右舷炮向“济远”号防护巡洋舰猛烈攻击。

方伯谦不知所措，舰上水兵极为愤怒。水兵王国成、李仁茂一跃跳上尾炮台，振臂一呼：“给我运炮弹！”众水手齐心协力用尾炮连发 4 炮。第一炮击中“吉野”号防护巡洋舰的桅楼，第二炮也命中，第三炮未击中，但第四炮命中了“吉野”号防护巡洋舰的要害。

“吉野”号防护巡洋舰船头低俯，受此重创，便不再追击。如果这时“济远”号防护巡洋舰转舵，以舰首主炮轰击敌舰，极有可能取得更大胜利，甚至可能救出“操江”号炮艇和“高升”号运输船。但方伯谦此时毫无斗志，竟然置“操江”号和“高升”号于不顾，开足马力，匆匆向旅顺奔逃而去。这等于拱手将胜利让给了日本人！

坪井航三命“秋津洲”号防护巡洋舰放弃“广乙”号鱼雷巡洋舰后，“广乙”号鱼雷巡洋舰本来有机会逃走，但因其受伤实在太重，船舵均已毁坏，勉强驶至朝鲜西海岸十八岛，触礁搁浅在那里。

“广乙”号鱼雷巡洋舰管带林国祥清点人数，发现全舰 110 人中牺牲了 30 余人，另有多人负伤。迫于形势，林国祥痛下决心，将舰上未毁的数门大小炮自行击毁，并凿坏锅炉，放火烧舰，以免留给日军。然后，他率残兵败将 70 余人登岸。

这次海战中的主角——“济远”号防护巡洋舰和“广乙”号鱼雷巡洋舰，在和日本军舰激战后，顺利地脱离险境，但偶然经过那里的“高升”号运输船和“操江”号炮艇却因方伯谦畏战逃避而遭殃。

“高升”号运输船是英国商人的印度中国汽船公司所属的一艘 1355 吨货轮，是此次援兵朝鲜时李鸿章租用的三艘运兵船之一。7 月 23 日上午，“高升”号运输船由天津塘沽港起锚，载有淮军两营

“高升”号运输船中弹沉没的一幕

1116名官兵、14门行营炮及大量辎重。经烟台时，因遇浓雾，在威海卫停泊一天，在驶近丰岛海面时，它与北洋水师的“操江”号炮艇相会，一起前往朝鲜。

日本“浪速”号防护巡洋舰遇到“高升”号运输船，以鱼雷袭击。“高升”号运输船上的清兵只能以步枪还击。“高升”号运输船显然不是“浪速”号防护巡洋舰的对手，很快被击沉。日本人的一只小艇过来。他们一边搭救落水的欧洲人，一边向水中失去抵抗的清兵开枪。一时间，这场惨无人道的大屠杀导致整个海面变成血红一片。

在日本战舰“浪速”号防护巡洋舰追逐、击沉“高升”号运输船的同时，日本“秋津洲”号防护巡洋舰也拦截住了清军的“操江”号炮艇。

“操江”号炮艇排水量仅640吨，是一艘铁骨木质练习舰，只有425马力、航速9节、8门旧式舰炮，根本无力与“秋津洲”号防护巡洋舰抗衡。

“操江”号炮艇与西退的“济远”号防护巡洋舰相距不远。“操江”号炮艇升旗求援，但方伯谦逃命心切，对处于危险之中的“操江”号炮艇置之不顾，飞驰而去。

11点37分，“秋津洲”号防护巡洋舰追上“操江”号炮艇，发空炮威胁“操江”号炮艇停驶。“操江”号炮艇不应，继续撤退。“秋津洲”号防护巡洋舰又加速追赶。

“操江”号炮艇管带王永发一时慌得没了主意。绝望之中，他命令水手将临行前丁汝昌托他所带的文件全部投入锅炉中焚毁，又下令将船舱里载运给驻牙山清军的20万两饷银投进大海，以免被日本夺走。但还没来得及实施完毕，“秋津洲”号防护巡洋舰已经迫近。

“秋津洲”号防护巡洋舰舰首120毫米主炮发射的一发炮弹，呼啸着从“操江”号炮艇主桅上空掠过。“操江”号炮艇虽然主要作用是运输，但船上仍装备有5门各种火炮。但此时，王永发早已胆战心惊，不敢抵抗，下令停船降下清国龙旗，升上白旗和日本国旗，以示投降。

“秋津洲”号防护巡洋舰马上放下舢板，24名日本海军官兵带着武器乘舢板登上“操江”号炮艇。在船上搜查完后，日本兵把王永发押上了“秋津洲”号防护巡洋舰，又把“操江”号炮艇上其余82名官兵拘禁于后舱。14点，“操江”号炮艇被虏往日本佐世保军港。

第二天，路过的法国海军、德国海军和英国皇家海军陆续救起了一些幸存者。最终统计，“高升”号运输船所运送的1116名中国官兵中，只有244人遇救，872人全部殉难。英国舰长高惠悌、大副田泼林、丹麦籍电气技师德脱等高级船员于前一天被“浪速”号防护巡洋舰救起，后与北洋水师“操江”号炮艇被俘官兵一同被送到日本佐世保军港。

“高升”号运输船事件引起英国舆论大哗，这种不宣而战、突然袭击中国租用的外国轮船的做法明显地违反了《国际法》。英国驻日公使向日本外务省提出强烈抗议，引起了日本政府的恐慌。

李鸿章心中窃喜，以为如此一来英日两国便会交恶，又可以“以夷制夷”。但是，击沉“高升”号运输船的当事人东乡平八郎却十分镇定。他曾留学英国，深谙《国际法》和《海事法》，一口咬定“高升”号运输船是被清朝劫持的。

日本法制局长官末松谦澄亲赴佐世保调查，结论为日本方面并无过失，没有赔偿义务。根据是：

1.“浪速”号防护巡洋舰是在中日两国业已交火之后向“高升”号运输船行使的“交战者”权利；

2.“高升”号运输船属于英籍船只，但是在事变中，船长被夺去行使职权之自由，船由清军控制，即“高升”号运输船当时被清军军官所劫持；

3.“高升”号运输船船主与清朝政府订有契约：一旦开战，该船即交付清朝政府。

果然，英国报刊不久就登出了某大律师论证日本击沉“高升”号运输船无罪的文章。英国政府于是对日本既不要求道歉，也不索取赔偿了。李鸿章“以夷制夷”的美梦再一次破灭了。

7月25日，在丰岛海战的同一天，日本陆军屯扎在汉城近郊龙山的日本混成旅团主力倾巢出动，直扑牙山方向。直隶提督叶志超统率的驻守清军因众寡悬殊，后援不继，而被迫撤退。日本陆军随后攻克成欢。守将聂士成只得带着残部与叶志超部会合，向平壤转移。

7月26日，丰岛海战的消息传到京城。电报上称，我方虽损失了“广乙”号鱼雷巡洋舰、“操江”号炮艇和“高升”号运输船，但“济远”号防护巡洋舰以一敌三，重创“吉野”号防护巡洋舰，“(日)提督阵亡，‘吉野’伤重，途次已没”，并向朝廷邀赏。

李鸿章听了这一报告，心里不踏实，当即通过驻日公使汪凤藻进行核实，得知根本没有这回事。李鸿章生气之余，又命北洋水师进入戒备状态，各船保持常火，官弁夜晚住船，不准回家。

清朝军机处没想过核查和调实真相，一听日本人竟然敢挑衅天朝上国就群情激愤，恨不得一脚踩死日本方解心头之恨，当即着令丁汝昌出海邀战。但李鸿章却无心作战，一心想着保全北洋水师。

第二天，丁汝昌带北洋水师9艘军舰开往汉江洋面巡游迎敌时，李鸿章却私下给丁汝昌发了一份电令:“唯相机进退，能保全坚船为妥。”丁汝昌反复揣摩后，最后虚晃一枪，便折回威海。清朝政府下令北洋水师出海作战，却因为李鸿章私下一封电报，如过家家一般应付过去了。

1894年7月28日，紫禁城太和殿前韶乐声声，紫烟缭绕，光绪皇帝23岁生日大典在这里举行，百官朝贺如仪。此刻，谁也不敢提丰岛海战的事，也没人去关注丁汝昌率领北洋水师出战的战况如何。

★“高升”号事件中日本人的公关

“高升”号事件发生后，日本外相陆奥宗光早搞清楚了活跃于英国的媒体哪些是可以被收买的以及收买的价码。在金钱的诱惑下，日本人成功争取到了一些英国专家学者在媒体上公开为日本辩护。

8月3日，剑桥大学教授韦斯特莱克在《泰晤士报》上刊文为日本辩护，认为日本击沉“高升”号运输船是合理合法行为。他的主要观点如下。

1.“高升”号运输船是为清国军方提供服务的，这是一种敌对行为，不可以获得英国国旗和船籍的保护；

2. 不能因双方未宣战而禁止日本将“高升”号运输船视为敌船。战争当然最好先有正式的宣战手续，但在实践中却往往很难做到，“高升”号运输船已经在从事敌对活动，已非中立；

3. 日本能够证明“高升”号运输船的清军是开赴朝鲜应对日本军队的，这毫无疑问是敌对行为，日本将其击沉的确有军事上的需要。

英国官方最终裁定：当时已经存在着战争状态，“高升”号运输船为交战国执行交战任务，日本军队有权扣留或击沉它，因此日本在此事件中不需要承担任何责任。

第四章

血溅黄海

仓促宣战

丰岛海战惨败后，李鸿章发现自己犯了一个战略错误：6月间，日本军舰开进仁川港，护送大岛义昌的混成旅团登陆。北洋水师“镇远”号铁甲舰管带林泰曾建议，将全舰队开至朝鲜海面，控制仁川港，争取主动，如日本海军挑衅，就以优势兵力与其决战。丁汝昌也同意这个建议。丁汝昌向李鸿章报告后，李鸿章不仅没采纳，反而训斥了丁汝昌一顿：“虽然日本增兵，目前谣言四起，但日本并未向我寻衅，何必来请战？”他哪里料到俄国人和英国人在这件事上竟会撒手不管。李鸿章一心想避战，没想到战争一直在找他。

光绪皇帝得知朝鲜战局恶化，亲自召见李鸿章，厉声质问：“为何牙山叶志超和聂士成两部陆军已经撤退，北洋提督丁汝昌退缩不前？”李鸿章极力辩护，光绪皇帝忍不住了，下令对日宣战，命令李鸿章立即将北洋海陆军周密布防，以备破敌。

丰岛海战后，一连数日，日本举国沉浸在节日的庆典中，满街都是举着太阳旗的男男女女，他们唱着、跳着，笑着、喊着，然后涌到皇宫前的广场上，争着去看正在被迫游街示众的被俘的北洋水师“操江”号炮艇官兵，用砖头、石块、破鞋和垃圾扔向被俘清

日军大岛混成旅团某部的野战伙房

兵，在他们面前耀武扬威。

8 月 1 日，清朝政府正式向日本宣战。当得知清朝对日本宣战的消息后，日本随即对清朝宣战。

8 月中旬，日本大本营决定派第三师团赴朝，与原来的第五师团会合。同时，日本大本营向日本联合舰队下达了“歼灭敌舰队，控制敌海面”的命令。

8月12日，日本联合舰队把锚地从隔音群岛迁到长直路。8月16日，日本联合舰队再次改编。其新编队序列为：

1. 本队："松岛"号（日本"联合舰队"旗舰）、"严岛"号、"桥立"号防护巡洋舰，"千代田"号装甲巡洋舰，"扶桑"号、"比睿"号铁甲舰，以及附属舰"八重山"号、"盘城"号、"天城"号

日军"严岛"号防护巡洋舰

巡洋舰，“近江丸”号、“山城丸”号鱼雷舰。

2. 第一游击队：“吉野”号、“秋津洲”号、“高千穗”号、“浪速”号防护巡洋舰。

3. 第二游击队：“金刚”号铁甲舰和“葛城”号、“大和”号、“武藏”号、“高雄”号、“天龙”号巡洋舰。

4. 第三游击队：“筑紫”号巡洋舰和“爱宕”号、“摩耶”号、“鸟海”号、“大岛”号炮艇。

正式宣战后，清朝一下从歌舞升平进入战争状态，朝廷立刻没了章法。直隶总督、北洋大臣李鸿章虽然奉旨统筹战守，但没有像日本人那样成立战时大本营，统一事权。光绪皇帝一天一封电报，两天一道谕旨；军机处、总理衙门、海军衙门都有自己的想法，且彼此矛盾。更重要的是，李鸿章没有战胜日本的信心，根本就不愿意与日本作战，总期望借助外力和解，总想保存北洋水师的实力。

8 月 1 日，李鸿章传达总理衙门的意见，要丁汝昌前往仁川截击日本运兵船。不过，李鸿章在传达意见后，仍强调“速去速回，保全坚船为要”。北洋水师如同李鸿章的私家军一般，丁汝昌明了李鸿章的真实意图，率领 6 艘军舰到朝鲜大同江洋面巡弋一番就撤回了威海卫。

第二天，朝廷即电诘李鸿章，为何稍去即回？并指出威海僻处山东，并非敌锋所指，究竟在此有何布置抑或借此藏身？大家纷纷上书，力主撤换避战保船的丁汝昌。李鸿章赶紧申辩。朝中找不出替换李鸿章的人，因而朝廷上下不得不重视他的意见。

光绪皇帝亲政以来，清朝出现“中兴”局面，但依然受外敌欺压。日本挑战清朝，让光绪皇帝愤怒且震惊，同时想借此机会打击日本，树立皇威。朝廷上下所依赖的李鸿章的消极举动，让光绪皇帝焦躁不堪，甚为不满。光绪皇帝于8月5日电谕李鸿章：“丁汝昌前日称追倭船不遇，今又称带船巡洋。倘日久无功，安知不仍以未遇敌船为诿卸地步？近日奏劾该提督怯懦规避，偷生纵寇者，几乎异口同声。若众论属实，该大臣不行参办，则贻误军机，该大臣身当其咎矣！”并令李鸿章察看丁汝昌“有无畏葸纵寇情事”。

大连湾和尚岛中的炮台内部

李鸿章感到了巨大的压力。他一面向朝廷陈情，一边告诫丁汝昌："振作精神，训励将士，放胆出力……汝一味颟顸袒庇，不加觉察，不肯纠参，祸将不测，吾为汝危之。"

8月9日，丁汝昌再率10艘军舰出洋；10日，丁汝昌率领北洋水师至大同江口，寄泊在樵岛；11日，他们继续逡巡；12日，他们西驶至海洋岛；13日清晨，他们回到威海，依旧一艘日本战舰也没遇到。

一心欲求决战的日本联合舰队到哪里去了呢？原来，在同一时间，伊东佑亨率日本联合舰队21艘军舰于10日直逼到威海卫口外挑衅，与刘公岛上的清军炮台展开了火炮对射。11日和12日，伊东佑亨又派数艘军舰到旅顺口、威海卫洋面巡游，搞得北洋全线紧张，飞檄丁汝昌回航守御。

丁汝昌率舰队来去匆匆，奔波往返于威海、大同江、旅顺一线，"疲于奔命，惶惶不可终日"。这样折腾来折腾去，北洋水师的官兵们非常辛苦。他们常常是在海上颠簸了一天，刚刚返航靠上码头，正想歇口气，"立即升火走锚"的命令就又来了。

北洋水师提督丁汝昌心交力瘁。他既要执行顶头上司李鸿章"初战宜慎"的方针，又要执行光绪皇帝的催战指令，还要承受来自京城的巨大舆论压力。

8月23日，军机处绕过李鸿章直接电令丁汝昌，称威海、大连湾、旅顺口为北洋要隘、大沽门户，海军各舰应在此处来往逡巡，严行扼守，不得远离，勿令一艘日本军舰闯入。倘有疏虞，定治丁汝昌重罪。

到这时，朝廷对于海军的使用，似乎跟李鸿章的想法取得了一致——都是以守为主。李鸿章不由松了口气。听了丁汝昌的报告，李鸿章当即派汉纳根前往襄助海军防剿事宜。汉纳根与丁汝昌商议，称因无快船可以飞驶查看敌舰动向，且敌舰不免还要前来窥伺，所以“水师现在不能甚做大事”。

到了 8 月 25 日，前方仍一片平静。不懂海战和对北洋水师实际情况不了解的军机处大员们更加确信，那是丁汝昌贪生怕死、贻误军情所致。翁同龢、李鸿藻坚决主张要将丁汝昌治罪，否则难孚公论。军机大臣额勒和布提出先请李鸿章保举替代之人然后再降旨。孙毓文主张以电旨传达而不要明发，但翁同龢均不同意。两方展开激烈争论。最后，他们达成统一意见，报皇帝定夺。

光绪皇帝对丁汝昌避战已是忍无可忍。第二天，光绪皇帝明发上谕，将丁汝昌即行革职，责令其戴罪立功；又命李鸿章在诸将领中遴选堪以胜任海军提督者，酌保数员，候旨简放。8 月 27 日，光绪皇帝再次降旨：“兹特严谕李鸿章，迅即于海军将领中遴选可胜统领之员，于日内复奏。丁汝昌庸懦至此，万不可用，该督不得再以临敌易将及接替无人等词曲为回护，致误大局。”

面对光绪皇帝和京城的强大舆论压力，李鸿章不反思自己是否战略失误，以及用人是否得当，仍百般为北洋水师辩解。8 月 29

日，李鸿章对海军问题做了总的申辩，明确提出“保船制敌之方”。他首先指出北洋水师军舰的缺陷——那些军舰订购有年，其航速现今已落后，且“近年部议停购船械，自光绪十四年后，我军未增一船”。这种情况下，“海上交锋，恐非胜算”。他的方针是保住舰队这一威慑力量，“不必定于拼击，但令游弋渤海内外，作猛虎在山之势”。因日本“畏我铁舰，不敢轻与争锋”，且威海仁川一水之隔，日本有后路之忧，不能各舰齐出犯中国各口。

接着，他强调了和光绪皇帝完全一样的“逡巡扼守”方针，“今日……至论海军功罪，应以各口能否防护有无疏失为断，似不应以不量力而轻进，转相苛责”。李鸿章竭尽全力最终使丁汝昌暂免处分，然而这种内部纷争已使他筋疲力尽。战争形势也没因为他避战保船而有所缓解。相反，李鸿章却不得不下令出战，更加手忙脚乱。

★李鸿章为丁汝昌说情

李鸿章在奏折中写道：“……丁汝昌从前剿办粤捻，曾经大敌，叠著战功；留直后即令统带水师，屡至西洋，借以增加阅历；创办海军，特蒙简授提督，情形熟悉，目前海军将才增加尚无出其右者。”撤丁汝昌，替换者只有刘步蟾、林泰曾等，其“西法尚能讲求，平日操练是其所长，而未经战阵，难遽胜统率全军之任。且全队并出，功罪相同，若提督以罪去官，而总兵以无功超擢，亦无以服众心。若另调他省水师人员，于海军机轮理法全未娴习，情形又生，更虑偾事贻误……”

这篇奏折对海军的战略运用和不宜撤换丁汝昌的理由条分缕析，滴水不漏，且指出朝廷同样是以海军守护北洋门户为重。慈禧太后表态，不同意立即撤换丁汝昌。丁汝昌这才得以保全官职。

突遭攻击

8月21日，叶志超率牙山残部历尽周折，跋涉20多天，转战千里，撤至平壤。驻扎在平壤的卫汝贵的毅军、马玉昆的盛军、左宝贵的奉军、丰升阿的吉军，再加上已到平壤的叶志超、聂士成部，共有五队人马。清朝政府命叶志超“总统诸军”，节制驻扎在朝鲜的各支陆军部队。而后来事实证明，任命叶志超为各路军队的总指挥是非常失败的。

9月12日，各路日军已兵临平壤城下。9月15日午夜，日军开始总攻。得知平壤战事吃紧，李鸿章决定火速增援。16日凌晨2点左右，北洋水师离开码头，护送增援朝鲜的运兵船起航。

这一次，丁汝昌接受上次丰岛海战的教训。他几乎调用了北洋水师的全部力量，组成了一支强大的海上编队——“定远”号铁甲舰、“镇远”号铁甲舰、“济远”号防护巡洋舰、“致远”号防护巡洋舰、“靖远”号防护巡洋舰、“经远”号装甲巡洋舰、“来远”号装甲巡洋舰、“平远”号海防巡洋舰8艘主力舰，“超勇”号撞击巡洋舰、“扬威”号撞击巡洋舰、“广甲”号无防护巡洋舰、“广丙”号鱼雷巡洋舰4艘老式巡洋舰，“镇南”号炮艇、“镇中”号炮艇2艘炮舰以及“福龙”号鱼雷艇、“左队一”号鱼雷艇、“右队二”号鱼雷艇、“右队三”号鱼雷艇等全部出航。

午后，舰队和运兵船平安抵达大东沟。丁汝昌担心日本人袭击。在登陆前，他特命“平远”号海防巡洋舰、“广丙”号鱼雷巡洋舰在江口外警戒，“镇中”号炮艇、“镇南”号炮艇和“左队一”号鱼雷艇等4艘舰艇护送运兵船进入江内，他自己则率10艘主力战舰在江口外12海里处的大鹿岛东南布阵抛锚。

然而，此时平壤已经陷落，北洋水师援助平壤已经毫无意义。

在平壤被日军俘获的清军

9 月 15 日从凌晨开始到中午，清军与日军在平壤展开了激烈的战斗，卫汝贵在大同江南岸向桥里战场战死，所部盛军堡垒尽失，玄武门失守。平壤全部暴露于日军的炮火之下。战局虽然危急，但也未至不可收拾的地步。因为此时日军主力已经把子弹打光了，除了进行白刃战以外，已经无力再攻击。清军与日军进行白刃战，日军不占丝毫优势。

可是，牡丹台、玄武门的失守和左宝贵的牺牲使叶志超骇惧万分，他不与众将商议，决定弃城逃走。他下令在大同江岸及西南门一线坚持战斗的马玉昆、卫汝贵迅速撤军，并于 16 点在七星门上悬出白旗，派一朝鲜人，致书日军要求停战。平壤城飘起了白旗。同时，静海门、大同门等地亦树起白旗。是夜，他们弃城逃走时，又遭遇日军伏击。清军“人马尸体堆积如山，道路为之埋没，溪流为之染红。尸体堆积最密集之处，在 50 米内，伏尸 120 具，毙马 30 匹。其惨不可言状”。

9 月 16 日晨，日军分别由玄武门、静海门入城，占据了平壤。在平壤战役中，清军阵亡 2000 人，几乎都是在逃跑时被打死的，而日军只死亡 180 余人。更重要的是，一些重要的机密电稿、文件等竟未做任何处理，径自弃之不顾。

同日，大东沟整整忙碌了一天。清军增援的 10 营陆军及马匹、辎重全部上岸。17 日上午 7 点，运兵船起航返回。8 点，北洋水师开始返航。

10点，丁汝昌在“镇远”号铁甲舰上发现挂着美国国旗悄悄袭来的12艘日本军舰。丁汝昌铁青着脸，咬着牙，紧绷神经，决定通过这场海上生死搏杀来改变朝野对他畏战的形象。“航速7节，发出战斗警报！”丁汝昌下达了命令。

丰岛一战，日军捡了个大便宜，但明治天皇并不满意，日本战时大本营也不满意，日本海军司令伊东佑亨也不满意——他内心渴望着与北洋水师决一生死。

现在，实现这个梦想的机会就在眼前，伊东佑亨不由热血沸腾，似乎连吹到脸上的海风都是灼热的。

“第一游击队，‘吉野’号、‘高千穗’号、‘秋津洲’号、‘浪

日军“桥立”号防护巡洋舰

速’号4舰为前导，‘松岛’号、‘千代田’号、‘严岛’号、‘桥立’号、‘比睿’号5舰殿后，以单纵队迎敌！”伊东佑亨毫不犹豫地发布了战斗命令。

双方在逼近，用不着望远镜，几乎所有舰面上的官兵都清楚地看得见对方。

自丰岛海战后，北洋水师各舰除留一艘6桨小艇外，将其余的救生艇全部卸除，以表全体官兵与战舰共存亡的决心。同时，他们还把与战斗无关的索具、木器、玻璃窗乃至“定远”号铁甲舰和“镇远”号铁甲舰主炮塔的钢炮罩都留在岸上，以减少火灾燃烧和炮弹造成的空气震荡。他们给军舰涂上深灰的保护色，速射炮之间用砂包或煤包堆置起来，以作保护。

战斗命令下达后，水兵们迅速关闭所有无关舱门，从弹药舱提取炮弹，所有炮口都指向远处驶来的敌舰。

丁汝昌命令挂出旗号：北洋水师以“夹缝鱼贯阵”迎敌，以火力强、铁甲厚重的“定远”号和“镇远”号铁甲舰为第一小队，首当其冲迎击；以“致远”号和“靖远”号防护巡洋舰为第二小队；以“来远”号和“经远”号装甲巡洋舰为第三小队；以“济远”号防护巡洋舰和“广甲”号无防护巡洋舰为第四小队；以“超勇”号和“扬威”号撞击巡洋舰为第五小队。每小队两舰前后错开，呈梯队状。

双方在继续迫近。丁汝昌见日本战舰以单纵队驶来，根据战前预定方案，命令舰队改变队形，改为夹缝雁行阵迎敌，即以第一小队居中，后续 4 个小队分别向两翼展开至平行位置，呈左右交错的双横队。第二队军舰与第一列夹缝排列，前后交错的各对姊妹舰彼此结为小队。

夹缝雁行阵有如下几个要求：

1. 战斗中姊妹舰或其小队必须进退一致，攻守相助；

2. 舰首必须始终指向敌舰应战；

3. 各舰必须跟随提督（旗舰）行动。

丁汝昌的想法是好的，但忽略了一个常识性的问题——在海上编队变换阵式需要较长时间，不是一两分钟能完成的。北洋水师的军舰速度本来相对日本军舰就慢，等与日本舰队面对面了，再临时变换阵型，岂不是给日本军舰攻击的机会？结果，北洋水师经过一番折腾后，形成的竟是一个散漫的楔形编队，又似倒“V”字形或“人”字形。日本舰队从正面看到的则是“凸梯阵”或者“成钝角的横阵”。

丁汝昌戎装照

伊东佑亨看到北洋水师摆了这个怪阵，得意地命令第一游击队迅速驶过北洋水师的正面，包抄其薄弱的右翼。

丁汝昌命令全队向右转移4°，企图在临战前改变为左翼单梯队阵形，但是，已经来不及了。12点50分，双方距离已缩短到了5300米。

“开炮！”丁汝昌实在忍受不住窒息般的压迫，首先下令发起攻击。

“轰——”“定远”号铁甲舰右主炮塔305毫米口径巨炮发射出了震耳欲聋的第一炮。大东沟海战打响了。

炮弹呼啸着飞向日本军舰的第一游击队，但越过了“吉野”号防护巡洋舰的桅杆落入海中，激起一道冲天水柱。

站在“定远”号铁甲舰舰桥上指挥作战的丁汝昌和汉纳根几乎同时向半空中飞去，然后重重地摔在甲板上。40多岁的汉纳根身体强壮，从甲板上一骨碌爬起来。丁汝昌则不仅腰部、脸上负了重伤，还被飞起的甲板碎片压住左腿而无法动弹，鲜血直流。

“定远”号铁甲舰的舰桥竟被自己的重炮震塌了，信号装置被破坏掉了，信号旗飘落到海面上。这一兆头，实在让人沮丧而心悸不已。

众人将丁汝昌从甲板碎片中救出来，将之搀扶到艏楼内，丁汝昌拒绝进入位于主甲板下舰艏部位的军医院，他坚持坐在“定远”号铁甲舰艏楼内，继续看着他的士兵们作战。丁汝昌强忍住伤痛，每有人从自己身旁经过，他都会投以亲切的微笑，并用言语加以鼓励，激励士气。

此时，双方各舰早已战成一团。百炮怒放，硝烟弥漫，海水沸腾。北洋水师的V形编队顶部正好楔入了日本舰队之间，将第一游击队和本队一截为二。

完全由新锐巡洋舰组成的日本第一游击队，利用其舰速优势，迅速通过北洋水师正面后，包抄了位于北洋水师右翼最外侧的两艘军舰——第五小队的“超勇”号撞击巡洋舰与“扬威”号撞击巡洋舰。

“超勇”号撞击巡洋舰与“扬威”号撞击巡洋舰是北洋水师参战军舰中最为弱小的成员。军舰的满载排水量仅有1350吨，舰长64米、宽9.75米，吃水4.57米，舰体虽然号称为全金属结构，但

从“西京丸”号巡洋舰上拍摄的大东沟战况

内部大量采用了木质构件，而且基本上没有额外的装甲防护。

在敌舰倾泻的弹雨中，不到几分钟的时间，“超勇”号和“扬威”号船壳板就有多处被洞穿，很多官兵倒在了血泊中，军舰内部一些部位已经燃起了火焰。但两舰仍在进行顽强的抵抗，它们坚持着既定的航线向前航行。在弹雨纷飞中，舰上官兵各就各位，用仅有的几门火炮顽强地向敌舰还击。

13 点 08 分，他们击中“吉野”号防护巡洋舰的后甲板。堆积在甲板炮位附近的一些弹药被引爆，爆炸声接连响起。日军 2 人当场毙命，9 人受伤。

几乎在“吉野”号防护巡洋舰中弹起火的同时，日本第一游击队的“高千穗”号防护巡洋舰上也冒烟起火。

不久，第一游击队后续的“秋津洲”、“浪速”号防护巡洋舰也接连中弹。“秋津洲”号右舷的 5 号速射炮被击中，炮盾上被炸出了一个破口，5 名官兵毙命，9 人受伤。“浪速”号的情况稍好，但舰首主炮塔下方的水线带附近被洞穿，有少量进水。

一时间，战斗的天平将要偏向北洋水师。但仅仅 2 分钟过后，即 13 点 10 分，扑灭了火灾的“吉野”号重新恢复了猛烈射击。突然，一发炮弹撕开了“超勇”号薄薄的船壳板。炮弹在军舰内部炸响，舰体顿时被黄色的烟雾包裹，火灾很快就一发而不可收拾。

目睹在大火中痛苦挣扎的“超勇”号撞击巡洋舰，“扬威”号撞击巡洋舰竭力发炮支援。然而它很快受到日本“第一游击队”密集的炮火攻击。“扬威”号撞击巡洋舰上也燃起了灾难性大火，舰体开始倾斜，渐渐现出无法支持的迹象。

“超勇”号撞击巡洋舰与“扬威”号撞击巡洋舰受困于火灾，一面忙于救火，一面开炮抗敌，渐渐无法跟上大队的步伐，如同两只失群的孤雁。

★伊东佑亨

伊东佑亨（1843–1914），甲午战争时出任日本联合舰队司令官，战后封子爵，升海军军令部长。日俄战争时，他任大本营海军幕僚长，后受封为伯爵，获海军元帅称号。他自幼对海军感兴趣，在江川英龙学校学炮兵，后进入胜海舟的神户海军操练所，萨英战争时从军。

明治维新后，伊东佑亨加入政府海军，先后任“龙骧”号驱逐舰、“扶桑”号铁甲舰、“比睿”号铁甲舰等舰只舰长，在第一次参观了北洋水师“定远”号铁甲舰后，他承认：“如果现在和清国开战，没有胜利的可能，只要‘定远’号铁甲舰和‘镇远’号铁甲舰两舰就能把日本全部常备舰队送到海底。”1894 年，日本海军第一次组建联合舰队，伊东佑亨为首任司令官。

功败垂成

与此同时，以“定远”号铁甲舰和“镇远”号铁甲舰小队为旗帜，北洋水师左翼的“致远”号防护巡洋舰和“经远”号装甲巡洋舰小队，以及右翼的“靖远”号防护巡洋舰和“来远”号装甲巡洋舰小队如同三把尖刀，向日本旗舰“松岛”号防护巡洋舰逼去，意图斩将夺旗。

12 点 55 分，日本舰队旗舰“松岛”号防护巡洋舰位于舰艉的主炮塔被一发 150 毫米炮弹击中。炮弹从 320 毫米主炮炮罩的侧面直击而入，主炮的液压旋转机构遭到严重破坏，刚发射了 1 发炮弹的 320 毫米口径加纳式火炮顿时陷入瘫痪，被迫进行紧急抢修。

13 点 04 分，日本联合舰队的旗舰“松岛”号防护巡洋舰再次中弹，炮弹穿透了主甲板，左舷第 7 号炮位 120 毫米口径的阿姆斯特朗速射炮立刻被击毁，3 名炮手受伤，1 名信号员当场毙命。

不久，日本本队的 3 号舰“严岛”号防护巡洋舰和 4 号舰“桥立”号防护巡洋舰被击中。激战之中，日本本队突然发现，后续的“比睿”号、“扶桑”号铁甲舰没有跟上来，脱离了队列。

“比睿”号和“扶桑”号铁甲舰是日本 1875 年定购的两艘“金

“松岛”号防护巡洋舰在海战中被炸毁的 120 毫米副炮炮廊

刚”级铁甲舰，新造时的航速可以达到 14 节，时逾 20 年，现在的航速只能勉强达到 8 节，已跟不上本队前列军舰的步伐。

随着日本本队前列的 4 艘军舰高速离去，“比睿”号和“扶桑”号暴露在北洋水师阵前。这是一个难得的机会，北洋水师军舰大大小小的炮弹立即不断落在“比睿”号铁甲舰、“扶桑”号铁甲舰、“赤城”号炮艇等军舰附近。

一时间，“比睿”号铁甲舰的主甲板上弹如雨下，陷入一片硝烟中。各炮位的水兵抱头鼠窜，纷纷寻找遮蔽所躲避，露天甲板上被打得碎片纷飞。

如同无头苍蝇般的“比睿”号铁甲舰仿佛一头撞进了一个炮弹横飞的恐怖巷道，在硝烟弹雨中艰难地向前航行，舰艇早已遍体鳞伤，大小火炮都沉默不语。

但是很快，被打得抬不起头来的“比睿”号铁甲舰的官兵发现北洋水师军舰上的炮火仿佛减弱了，“经远”号装甲巡洋舰一瞬间停止了所有火炮的射击，正从侧翼高速向“比睿”号铁甲舰贴近。

日本“赤城”号炮舰上的弹痕非常明显

“经远”号装甲巡洋舰的甲板上出现了大批身着红色制服的海军陆战队士兵。

“经远”号装甲巡洋舰管带林永升是福建船政学堂第一期的毕业生，曾留学于英国格林威治海军学院，并在英国地中海舰队的万吨级铁甲舰“马那杜”号铁甲舰上进行过为期将近2年的海上实习，得到了“勤敏颖悟，历练甚精”的实习评语。对于近在身旁而且火力已经被完全压制了的日本军舰“比睿”号铁甲舰，林永升觉得应该将其俘获了。尖锐的哨笛声响起，“经远”号装甲巡洋舰上的陆战队士兵都聚集到军舰右舷，手持毛瑟步枪、大刀长矛以及跳板绳索，紧张地等待发起攻击的一刻，一些穿着蓝布军服的水兵也加入了他们的行列。

林永升

左翼战场上陷入了一片死寂。突然，“比睿”号铁甲舰艏艉和中部飞桥上原先被北洋水师军舰火力压制的多管机关炮重新打响。在不到5分钟的时间里，“比睿”号铁甲舰右舷的3门机关炮向“经远”号装甲巡洋舰发射了大约1500发炮弹。不过，由于“比睿”号铁甲舰的机关炮安装位置较低，无法扫射拥有高大舷墙遮护的“经远”

号装甲巡洋舰的主甲板，对“经远”号装甲巡洋舰的舰面人员并未造成多大杀伤力。

林永升不甘心白白放走这艘几乎束手就擒的日本军舰，但“经远”级军舰尾部没有装备任何中大口径火炮，因而只得使用鱼雷。随着林永升下令，“经远”号装甲巡洋舰的中部和舰艉鱼雷室很快发射出了 2 枚 356 毫米直径的黑头鱼雷，然而这两处鱼雷发射管的发射口都很狭小，水平射角有限，鱼雷在距离“比睿”号铁甲舰舰艉 7 米外的地方抱憾错过。

“比睿”号铁甲舰刚脱险，“定远”号铁甲舰水平发射的 1 枚 305 毫米口径开花弹就以雷霆万钧之势击穿了它左舷后部的船壳板，射入舰内。紧接着，一声雷鸣般的爆炸声，碎片、硝烟、被炸碎的肢体飞向半空……

“比睿”号铁甲舰的后桅杆延伸至主甲板下部分被击中，后桅杆在怪响声中可怕地摇晃。由于舰内结构遭到极大破坏，军舰后部主甲板发生了局部坍塌，几枚放置在后甲板上的炮弹也被引爆，燃起了熊熊大火。

出人意料的是，“比睿”号铁甲舰没有立刻沉入海底。北洋水师“镇远”号铁甲舰又对其发射了一发 305 毫米口径炮弹。令人遗憾的是，“镇远”号铁甲舰射出的这发炮弹并没炸响。“比睿”号铁甲舰带着浓烟大火从北洋水师的阵后向右翼方向匆忙逃走。

当“定远”号铁甲舰和“经远”号装甲巡洋舰合力围攻落单的

“比睿”号铁甲舰时，日军“赤城”号炮艇在北洋水师阵列前方的硝烟中又出现了。“赤城”号炮艇的排水量仅有612吨，是战场上交战双方序列中最小的军舰。伊东佑亨之所以将“赤城”号炮艇编入这次出行的序列，原想利用它便于进出港湾河汉侦察清军的登陆活动，根本未曾考虑到要让它参加大规模海战。

但此时，“赤城”号炮艇已经被友舰抛弃在北洋水师的炮口前。“来远”号装甲巡洋舰等北洋水师军舰正在向它杀过去。此外，“广甲”号无防护巡洋舰也包抄了过去。

与“广乙”号鱼雷巡洋舰一样，“广甲”号无防护巡洋舰隶属于广东水师，在战争爆发前，两舰一起留在北洋水师与日本作战。7月25日丰岛海战时，“广乙”号鱼雷巡洋舰在朝鲜海岸力战殉国，“广甲”号无防护巡洋舰上的广东籍将士们胸中正激荡着为友舰报仇的怒火，遂朝落单的“赤城”号炮艇扑过来。

13点20分，北洋水师的军舰逼近到距离“赤城”号炮艇约800米处后开始炮击。“赤城”号炮艇也用右舷炮火猛烈还击。过于弱势的“赤城”号炮艇在交火中伤痕累累，指挥官死的死，伤的伤。

与此同时，由坪井航三率领的日本第一游击队的4艘军舰仍在攻击在烈火中苦苦挣扎的北洋水师右翼“超勇”号撞击巡洋舰和“扬威”号撞击巡洋舰。“超勇”号撞击巡洋舰已经承受不了饱和的炮火打击，舰体开始慢慢地倾斜。

由于多数北洋水师的军舰都在追击日本“赤城”号炮艇，战场上北洋水师最初的横阵接战阵形已经荡然无存，转变为“没有固定的阵形，像不规则的单纵阵，又像梯阵”的乱战形态。

见日本第一游击队攻击北洋水师右翼得手，正在指挥日本“本队”军舰准备向左大回转的伊东佑亨受到启发，决定让第一游击队趁势右转绕到北洋水师阵形的后方，然后反复旋转交换用左右舷火力射击，与在北洋水师阵形前方的日本本队配合，腹背合击。

伊东佑亨的信号兵打出旗语后，坪井航三却百思不得其解。经过和属下参谋军官讨论，坪井航三错误地理解了旗语——司令长官是要让第一游击队回来，跟本队一起航行。于是，日本舰队的阵形顿时也混乱起来。

日本联合舰队编队混乱，使北洋水师右翼末端的“超勇”号撞击巡洋舰得以暂时避过第一游击队的火力，有机会向战场外航行，以图自救。然而到 13 点 30 分左右，“超勇”号撞击巡洋舰在烈火中沉没了。

从大东港外匆匆赶向战场的北洋水师鱼雷艇队恰好遇到了正在沉没的“超勇”号撞击巡洋舰。“左队一”号鱼雷艇停下脚步，驶近正在下沉的“超勇”号，搭救落水的官兵。然而，“超勇”号撞击巡洋舰管带黄建勋拒绝投掷到眼前的救生绳，随波沉没。他成为海战中第一位殉国的北洋水师舰长。

而这时，弱小的“赤城”号炮艇还在抵抗。13 点 25 分，“定远”

号铁甲舰用尾部的150毫米口径克虏伯炮击中了“赤城”号炮艇的飞桥甲板。正在飞桥上设法指挥自己的军舰摆脱追击的“赤城”号炮艇艇长阪元八郎太头部被弹片击碎，身躯被炮弹爆炸形成的冲击波抛到了海中。

与此同时，“赤城”号炮艇艄楼甲板也连续中弹。一枚炮弹轻松地穿透了艄楼顶部的甲板，击毁了艄楼内用来从主弹药库提升弹药的运弹装置，在附近待命准备随时救火损管的日本士兵被击毙4名，击伤1名，“赤城”号炮艇上的120毫米口径火炮失去了弹药供应。很快，又有一枚炮弹穿透了“赤城”号炮艇艄楼顶部甲板，艄楼内2名救火队员和1名修理员被击毙。

舰长阵亡，原本在飞桥甲板下操舵室中指挥的佐藤铁太郎立刻

“超勇”号撞击巡洋舰

来到飞桥甲板上，接替舰长指挥。佐藤铁太郎指挥军舰向左急转，追赶前方的“比睿”号铁甲舰。很快，已经多次中弹的后桅杆又被击中，在轰然巨响中，飘扬着日本军旗的后桅再也无法支撑，终于折断倒塌。

日本人战争狂的精神很快得到了体现。日本军旗在前桅杆上迅速升起了。几名日本水兵忙着将一根细长的木杆竖在后桅残留的部分上，上面也飘着一面日本军旗。面对具有压倒优势的对手，“赤城”号炮艇显出了极为顽强的战斗精神，从另一个侧面可以看出，北洋军舰的火力是比较弱的，日常训练也很缺乏，在平时疏于战备。

13 点 55 分，“比睿”号铁甲舰火势更为凶猛了。舰长放弃了试图跟上日本“本队”的念头，下令在桅杆上挂出“本舰火灾”信号旗，调转航向向南方驶去，决定退出战场救火。

看到“比睿”号铁甲舰的这一举动，“赤城”号炮艇也随之调转航向，向南航行。

“赤城”号炮艇身后的“来远”号装甲巡洋舰、“致远”号防护巡洋舰、“经远”号装甲巡洋舰、“广甲”号无防护巡洋舰等北洋水师军舰目睹猎物即将向远处遁逃，便进一步加快了追击速度。炮弹不断落在“赤城”号炮艇周围，“赤城”号炮艇也在竭力发射尾炮抵御。

追击战斗持续到下午 14 点 15 分时，“来远”号装甲巡洋舰逼近到距离“赤城”号炮艇仅有300米处。“来远”号装甲巡洋舰再一次击中了“赤城”号炮艇的飞桥甲板。代理舰长佐藤铁太郎面部和手腕负伤，被送入甲板下疗伤。舰长一职改由正在指挥舰艄炮位的第二分队长松冈修藏接替，舰艄炮位则由炮长进藤多荣治指挥。“赤城”号炮艇似乎已经摆脱不了将被击沉的命运。

然而，北洋水师的运气特别差，幸运女神又在关键时刻降临到日本舰队上空。14点20分，“赤城”号炮艇艇艉的120毫米口径火炮击中了“来远”号装甲巡洋舰的后甲板。“来远”号装甲巡洋舰舰艉甲板上堆积了大量的小口径炮弹。炮弹爆炸后，迸发出一团巨大的火球，将“来远”号舰艉瞬间变成了火海。

几艘北洋军舰追击的脚步随之停顿了下来。几乎已经被打成一片废墟的“赤城”号炮艇就这样渐渐驶出了北洋水师的视野，侥幸获得了一条生路。

★坪井航三研究的战术

坪井航三（1843–1898年），长州藩士出身。20岁时，坪井航三参加了抗击外国军舰的活动；明治四年（1871年），任海军大尉，赴美国留学，学习海军；明治二十三年（1890年），晋海军少将，任佐世保军港司令。

日本舰队将清朝舰队视作假想敌，这是人类历史上第一次蒸汽舰队之间的决战，没有前例可循。坪井航三想出了一个主意：让舰长们坐上小汽艇，在濑户内海来回转悠，试验什么阵势才最容易保持。这样一来才发现，最容易保持的队形是“一”字纵队。后列的舰只完全没有必要考虑速度、航向，只要牢牢跟着前面的舰只即可。这就是后来日本联合舰队在黄海海战中采取“一”字纵队阵型的原因。

生死搏杀

由日本海军军令部长桦山资纪乘坐的“西京丸”号巡洋舰开战以来几乎一直在本队的外侧航行，没与北洋水师发生长时间激烈交战，处于相对超然的“观战”位置。

由于日本的本队此时已经右转绕向北洋水师的背后袭击，而跟随在本队之后的第一游击队在看到援救“赤城”号炮艇和“比睿”号铁甲舰的信号后高速向左大回转掉头，宛若两扇大幕被分开，导致原本在本队和第一游击队外侧的“西京丸”号巡洋舰彻底暴露在北洋水师的炮口前。

桦山资纪

14 点 22 分，就在“来远”号装甲巡洋舰舰艉中弹起火后不久，“定远”号铁甲舰射出的 1 枚 305 毫米口径炮弹击中了“西京丸”号巡洋舰。炮弹从“西京丸”号巡洋舰的舰艉附近射入，穿过甲板下舷侧的舱室，在军官餐厅和机械室之间爆炸。

“西京丸”号巡洋舰急速向左转，恰好挡在日本“浪速”号防护巡洋舰的航道上。突然见“西京丸”号巡洋舰转向横在面前，正在高速航行的“浪速”号防护巡洋舰手足无措。舰长东乡平八郎急令赶紧转舵规避。舵手拼命转动舵轮，在即将与“西京丸”号巡洋舰撞上的那一刻，“浪速”号防护巡洋舰偏转了航向，以掉队的代价避免了撞沉军令部长座舰的可怕事故。

这时，从大东沟方向赶来的“平远”号海防巡洋舰、“广丙”号鱼雷巡洋舰以及“福龙”号鱼雷艇、“左队一”号鱼雷艇到达战

被清军炮火击中的日本“西京丸”号巡洋舰甲板

场。“平远”号海防巡洋舰和“广丙”号鱼雷巡洋舰是大东沟海战时北洋水师阵容中舰龄最小的两艘军舰，是福建船政局自造的。

“平远”号海防巡洋舰并不是北洋水师的一线主力，舰型和武备以及航速与一线主力舰都存在很大区别，而且从没在一起编组配合使用过。但此时“平远”号海防巡洋舰和“广丙”号鱼雷巡洋舰竟然有如无所畏惧的初生牛犊一样，到达战场后立刻向日本“联合舰队”的“本队”发起挑战。两艘步调配合并不是很好的军舰，其作战勇气、决心却异常坚定一致。

14 点 30 分，“平远”号海防巡洋舰和“广丙”号鱼雷巡洋舰从北洋水师右翼的方向加入了战场，横截在日本“本队”的航道上，

清军“福龙”号鱼雷艇

挡住了日本"本队"军舰绕向北洋水师阵形背后的去路。进而，"平远"号海防巡洋舰和"广丙"号鱼雷巡洋舰又急转方向，转到位于日本"本队"领队位置的旗舰"松岛"号防护巡洋舰的舷侧展开攻击。"松岛"号防护巡洋舰桅杆上高高飘扬的海军中将旗目标非常明显。

于是，"松岛"号防护巡洋舰以及随后的"千代田"号装甲巡洋舰等立刻与北洋水师的"平远"号海防巡洋舰、"广丙"号鱼雷巡洋舰交火。

管带程璧光指挥着"广丙"号鱼雷巡洋舰率先冲向高大的日本舰队旗舰"松岛"号防护巡洋舰，从"松岛"号的左舷方向呈直角进入，下令安装在军舰两舷耳台内的120毫米口径的江南速射炮对准"松岛"号防护巡洋舰急速射击。同时，在舰艏甲板下的鱼雷室内，2枚356毫米口径的黑头鱼雷已经分别装入艏首左右的鱼雷管中，发射手紧紧攥住控制压缩空气的阀门，在等待有效射程……

令人遗憾的是，日本军舰的火力过于凶猛，大大小小的炮弹在"广丙"号鱼雷巡洋舰周围编织起了一张火网。担心继续逼近到鱼雷发射的有效距离内势必将遭受严重损失，同时也考虑到发起鱼雷攻击的突然性已经消失，程璧光只好决定放弃继续逼近，指挥军舰掉转航向另寻战机。

与"广丙"号鱼雷巡洋舰相比较，航速迟缓的"平远"号海防巡洋舰犹如重装的武士，面对数倍于己的日本军舰而毫无惧色，脚步缓慢却显得格外执着无畏。从3000米距离与日本“本队”激烈交火开始，“平远”号海防巡洋舰一直战至距离1500米左右，虽然左舷已经被日军的炮弹击穿并燃起大火，但它依旧奋不顾身。

14点34分，“平远”号海防巡洋舰又向“松岛”号防护巡洋舰射出了一枚炮弹。炮弹直接击中了“松岛”号防护巡洋舰，从其左舷中部一间士官舱斜穿而入，横扫了这间舱室后，又撕开了隔壁厚度为25.4毫米的钢板，继续冲进了中部鱼雷发射室，从左舷的鱼雷发射管下通过，一直飞行撞击到“松岛”号防护巡洋舰320毫米口径的主炮炮架下方，击碎了驱动巨炮旋转的液压罐后才停止下来。

失去了液压助力后，“松岛”号防护巡洋舰上重达70吨的320毫米口径的主炮陷入瘫痪——被日本海军寄希望用来对抗“定远”号铁甲舰的“法宝”霎时成了废铁。但令人遗憾更令人气愤的是，“平远”号海防巡洋舰这发破坏力巨大的炮弹却是一枚无法爆炸的实心弹。如果击中“松岛”号防护巡洋舰主炮下方的是一枚开花弹，将会带来怎样的破坏效果（主炮下方即是弹药库），是难以估量的。

几乎在同一时刻，“平远”号海防巡洋舰的260毫米口径的主炮炮塔接连被“松岛”号防护巡洋舰舷侧的120毫米口径的速射炮击中。“平远”号海防巡洋舰的主炮炮罩被击穿，主炮陷入了瘫痪。

为了修理受损的主炮，“平远”号海防巡洋舰拖着浓烟在撤退。在退却过程中，装备在“平远”号海防巡洋舰飞桥附近的几门47

英国阿姆斯特朗公司生产的舰用速射炮

毫米哈乞开斯单管机关炮发出怒吼，接连命中了“松岛”号防护巡洋舰，结果“松岛”号防护巡洋舰“室内周围壁上喷溅着骨肉碎末，甲板上流淌着血肉相混之水，难以步行，散布遍地皆是……”

但是，“平远”号海防巡洋舰和“广丙”号鱼雷巡洋舰撤退过程中，很快遇到了日本的“西京丸”号巡洋舰。“平远”号海防巡洋舰和“广丙”号鱼雷巡洋舰不顾在与日本“本队”对战中所受的创伤，朝“西京丸”号巡洋舰接连发炮。“西京丸”号巡洋舰依靠舰上临时加装的 4 门 120 毫米口径速射炮抵抗。

突然，“西京丸”号巡洋舰的飞桥上传出一声惊呼：“鱼雷艇！”话音刚落，只见飘扬着龙旗的“福龙”号鱼雷艇全速朝“西京丸”号巡洋舰冲过去。原来，“西京丸”号巡洋舰为躲避“平远”号海防巡洋舰和“广丙”号鱼雷巡洋舰的炮火向左转向，刚好将舷侧暴露在了“福龙”号鱼雷艇面前。“福龙”号鱼雷艇管带蔡廷干立刻捕捉到了这一战机，下令朝“西京丸”号巡洋舰冲过去。

15点05分，在“福龙”号鱼雷艇距“西京丸”号巡洋舰400米时，蔡廷干一声令下，艇艏甲板下的水兵按动蒸汽阀门，在压缩空气的推动下，艇艏发射管中的一枚黑头鱼雷高速跃入海中，朝向“西京丸”号巡洋舰直奔而去。

面对劈面而来的鱼雷，“西京丸”号巡洋舰做出了一个疯狂的举动。“西京丸”号舰长鹿野勇之进下令立刻掉转航向，迎头冲向鱼雷。这样做，看起来“西京丸”号巡洋舰似乎要加速灭亡，结果军舰快速拐弯激起的浪花改变了速度并不快的鱼雷的航

清军的“平远”号海防巡洋舰

向——鱼雷在即将命中目标的一刻被“西京丸”号船头扬起的浪涌推开，在距离“西京丸”号右舷仅1米的位置擦身而过。

蔡廷干立即命令发射第二枚鱼雷。但由于当时鱼雷在水中的速度不高，当“西京丸”号转向迎头躲开第一枚鱼雷时，第二枚鱼雷在距目标5米左右的地方再次抱憾而过。这一次，幸运之神又倒向了日本人。

由于鱼雷艇内空间狭小，除了安装进鱼雷管的鱼雷外，一般就再无其他预备，短时间内不存在再装填的可能，“福龙”号鱼雷艇两次射击后已经告罄。然而面对着迎头而来的“西京丸”号，“福龙”号鱼雷艇丝毫没有退缩的迹象，还在继续前行，继续缩短距离。

片刻后，“福龙”号鱼雷艇和“西京丸”号接近到了200米以内，双方都可以异常清楚地看到对方舰上的一切。“西京丸”号的火炮也以几乎100%的命中率在炮击着“福龙”号鱼雷艇。

在这一片弹雨中，“福龙”号鱼雷艇中部甲板上的几处人员进出口打开了，一些水兵来到甲板上，用安装在前后司令塔顶部以及烟囱附近的几门多管机关炮向“西京丸”号巡洋舰还击。

距离越来越近，在“福龙”号鱼雷艇几乎与“西京丸”号撞上的一瞬间，管带蔡廷干作出了一个大胆的决定——下令鱼雷艇突然向右急转弯，从斜旁背离“西京丸”号而过。当两船的距离拉大到30 ~ 50米时，“福龙”号鱼雷艇甲板后部的可旋转式露天鱼雷发射管对准“西京丸”号的左舷射出了1枚鱼雷。

如此近的距离内射出鱼雷，无论如何也应该能命中敌舰，“福龙”号鱼雷艇上响起了胜利的呐喊声。在“西京丸”号上，则是一声凄凉的大叫“吾事已毕”！

可是，一分钟、两分钟，时间一秒一秒地过去，当到达第三分钟时，“西京丸”号上的日本人却惊喜地发现自己还活着，军舰没有沉，鱼雷没有爆炸。随后，“西京丸”号上又腾起了一片劫后余生的欢呼，而已经发射完所有鱼雷的“福龙”号鱼雷艇只好在懊恼中默默远去。

这是黄海海战中北洋水师又一次击沉敌舰的机会，可惜同样也含恨错过了！其后，匆匆赶来的“左队一”号鱼雷艇虽然也试图对“西京丸”号展开攻击，但由于距离已经过远而作罢。“西京丸”号巡洋舰最终逃过了北洋水师军舰的追击。

15点10分，无论对于黄海海战还是北洋水师而言，都是个至关重要的转折点。

日本“扶桑”号铁甲舰击中“定远”号铁甲舰舰艏部位，炮弹穿透外壁的船壳板后直入舰内。“定远”号铁甲舰顿时燃起大火，艏楼和主甲板上很快就出现了大火。火药燃烧时弥漫的黄色有毒烟雾以及舰内木制构件燃起的黑烟，将“定远”号前部完全笼罩，咫尺莫辨。“定远”号的炮火被迫停滞了下来。

看到这种情形，日本联合舰队的军舰上到处都充满着狂欢的气氛。将近十年以来，日本全国上下都视“定远”号铁甲舰为虎豹而寝食难安，节衣缩食、费尽周章地想要摧毁这艘亚洲第一巨舰及其代表的中国海军。而此刻，他们的梦想眼看就要变为现实了。

坪井航三指挥第一游击队的4艘新锐巡洋舰逼近已无还手之力的“定远”号铁甲舰，集中大小炮火加以饱和攻击。伊东佑亨指挥的本队各舰也在背后不断攻击。弹雨浇注在“定远”号铁甲舰身上，爆炸声不断响起，情势万分危急。

正在司令塔内忙于指挥操舵，以使军舰尽量躲避日方攻击，争取灭火自救机会的“定远”号铁甲舰管带刘步蟾，猛然发现在他的左侧，邓世昌指挥的“致远”号防护巡洋舰靠拢了过来。

见旗舰身处险境，在千钧一发之际，邓世昌指挥“致远”号防护巡洋舰毅然决然驶出，与如狼似虎的日本第一游击队展开炮战，并用“致远”号防护巡洋舰并不厚实的身躯默默地为“定远”号铁甲舰遮挡炮弹。

紧接着，位于“定远”号铁甲舰右侧、由林泰曾和杨用霖指挥的“镇远”号铁甲舰也挺身而出，与“致远”号防护巡洋舰并力抗击日本战舰，共同护卫旗舰。

利用“致远”号防护巡洋舰和“镇远”号铁甲舰不惜生命换来的这段宝贵时间，“定远”号铁甲舰上的官兵与火魔搏斗取得了成功——大火最终被扑灭，“定远”号铁甲舰躲过了一场劫难。

不过，“致远”号防护巡洋舰却为此付出了代价。“致远”号防护巡洋舰并不具备强大的防护力。为了掩护旗舰，与日本第一游击队的4艘战舰炮火抗衡时，“致远”号防护巡洋舰的舰体有多处被击穿，海水大量涌入舰内。“致远”号防护巡洋舰内的损管人员在利用一切工具向外努力排水，但舰体仍然无可挽回地发生了倾斜——将近30° 的右倾——这对任何一艘舰船而言，都是足以致命的险情。

在面临生死抉择的关键时刻，邓世昌作出了一个令整个战场都为之惊叹的决断:“倭船专恃‘吉野’，苟沉是船，则我军可以集

激烈的海战场面

事！”邓世昌决定驾驶“致远”号防护巡洋舰冲向“吉野”号防护巡洋舰，撞沉它。

日本第一游击队感受到了巨大威胁，150 毫米口径、120 毫米口径等速射炮弹不断地射向“致远”号防护巡洋舰，在“致远”号舰四周海面上形成了阵阵水柱。“致远”号防护巡洋舰冒着日本人的炮火，不顾一切冲向“吉野”号防护巡洋舰。

就在即将逼近“吉野”号防护巡洋舰时，伴随着轰然一声巨响，“致远”号舰体中部发生爆炸，升腾出了巨大的火球。“致远”号的舰艏首先开始下沉，舰艉高高地竖立在空中，螺旋桨仍然在飞速地转动……

不到 10 分钟，这艘英勇的战舰就从人们的视野里消失了，北洋水师损失了第二艘战舰。

“致远”号防护巡洋舰沉没后，管带邓世昌落入海中，亲兵刘相忠游近递送来了救生圈，被邓世昌用力推开。“左队一”号鱼雷艇赶来相救。邓世昌“亦不应”，“以阖船俱没，义不独生，仍复奋掷自沉”。

最后，连邓世昌的爱犬“太阳”也来试图救助自己的主人，这只忠实的义犬不忍心自己的主人下沉，“衔其臂不令溺，公斥之去，复衔其发”。满眼热泪的邓世昌毅然抱住爱犬，追随自己的爱舰一起沉入海中……这一天，刚好是邓世昌 45 岁的生日。

“致远”号防护巡洋舰沉没时，舰上一共有 252 名官兵，除了

16 人以外，包括英籍船员余锡尔在内的官兵都长眠在黄海之底。

★邓世昌慨然赴死

邓世昌坠海后，其随从以救生圈相救，被他拒绝，并说："我立志杀敌报国，今死于海，义也，何求生为！"所养的爱犬"太阳"也游至其旁，口衔其臂以救。邓世昌誓与军舰共存亡，毅然按犬首入水，自己亦同沉没于波涛之中。全舰官兵只有 16 人获救。邓世昌牺牲后，举国震动，光绪皇帝垂泪撰联"此日漫挥天下泪，有公足壮海军威"，并赐予邓世昌壮节公谥号，追封太子少保，入祀京师昭忠祠，御笔亲撰祭文、碑文各一篇。李鸿章在《奏请优恤大东沟海军阵亡各员折》中为其表功，说："……而邓世昌、刘步蟾等之功亦不可没者也。"清朝政府还赐给邓世昌的母亲一块用 1.5 公斤黄金制成的"教子有方"大匾，拨给邓世昌家里 10 万两白银以示抚恤。邓世昌家人用此款在原籍广东番禺为邓世昌修了衣冠冢，建起邓氏宗祠。威海百姓感其忠烈，于 1899 年在成山上为邓世昌塑像建祠，以志永久敬仰。

畏战者败

几乎是同时，即 15 点 30 分，北洋水师也终于取得了重大的战果——“镇远”号铁甲舰用 305 毫米口径克虏伯主炮重创了日本联合舰队的旗舰“松岛”号防护巡洋舰。

海战开始后，“镇远”号铁甲舰始终伴随在“定远”号铁甲舰左右，共同发挥战场柱石作用。15 点 10 分，为掩护“定远”号铁甲舰救火而冲出与“致远”号防护巡洋舰并肩作战后不久，日本第一游击队渐渐向北洋水师的左翼运动。日本联合舰队的本队出现在“定远”号铁甲舰和“镇远”号铁甲舰眼前，主炮后置、外形特点鲜明的日本联合舰队的旗舰“松岛”号防护巡洋舰再次成为北洋水师的攻击焦点。

15 点 30 分，在德籍炮术顾问哈卜门和枪炮大副曹嘉祥的指挥下，“镇远”号铁甲舰主炮连续射出 2 枚 305 毫米口径炮弹，均命中了“松岛”号防护巡洋舰。当时双方相距 1700 米左右，大口径火炮能获得这样的命中率可谓相当惊人。

“镇远”号铁甲舰射出的第一枚炮弹是实心弹。这枚不会爆炸的炮弹从“松岛”号防护巡洋舰左舷炮甲板第 4 号速射炮炮位的上方穿透，之后横扫了整个炮廊，又从右侧向上穿出，在“松岛”号防护巡洋舰的右舷主甲板上留下了一个大洞。

第二枚炮弹是枚高爆弹。爆炸所产生的巨大冲击气流和破片使炮盾显得不堪一击，霎时成了纷纷散落的钢铁碎片。本来被遮护在炮盾后的 120 毫米速射炮也受到攻击——整个炮身被震飞了起来，随后又重重地砸下，120 毫米口径的钢铁炮管不可思议地被扭曲成了月牙形。堆积在第 4 号炮位附近的大量火药炮弹以及硫化棉发射药被引爆了，“松岛”号防护巡洋舰上的巨大爆炸声接连不断地发出，呛人的黄色毒雾在舰内弥漫。爆炸产生的冲击力，一面将“松岛”号防护巡洋舰左舷的船壳板撕开了个大破口，一面发出怒吼穿透了主甲板，在主甲板的左右两侧都留下了 2 个巨大的破洞，并击断了上甲板的铁桩、铁梁。上甲板左右舷顺势出现一个十多平方米的大洞，使舰体失去了平衡，舰体倾斜，海水灌入。

此时，海战场上出现了奇特的局面：枪炮声零落了下来，双方军舰的作战节奏变慢了，双方各军舰都在注视着“松岛”号防护巡洋舰。

面对着甲板内熊熊的烈火和弥漫的毒气瓦斯，尽管军官百般吆喝，“松岛”号防护巡洋舰上的救火损管人员还是没有勇气冲入抢救。幸运之神再次照顾日本人，战场上突然刮起了大风，风向对“松岛”号防护巡洋舰非常有利，“风从破损的舷侧，吹进一些新鲜空气，才使毒气稀薄。防火队得以竭力灭火”。随后，“松岛”号防护巡洋舰上的官兵投入了救火之中。

又经过30分钟左右，“松岛”号防护巡洋舰内的大火被扑灭，弹药库转危为安。此时，“松岛”号防护巡洋舰事实上已不再具备作战的能力。

经历了4个多小时的战斗，伊东佑亨异常疲劳，几乎未经太多考虑，就于16点07分下令在“松岛”号防护巡洋舰桅杆上升起了一面特殊的旗帜，即旗语“不管”，意即让各舰自由运动。

在15点30分，“松岛”号防护巡洋舰遭遇重创时，原本是北洋水师借以发起突击、扩大战果的良机。然而，“致远”号防护巡洋舰沉没后，北洋水师某些军官心中有巨大阴影，因贪生怕死而当了逃兵。

黄海海战爆发后，“济远”号防护巡洋舰一直龟缩在阵形后面。在丰岛海战中，“济远”号与日本军舰交战过，在关键时刻不顾其他军舰独自逃跑。此时，“济远”号虽然勉强跟着参与了战斗，但管带方伯谦还沉浸在恐惧中。

开战之初，“济远”号防护巡洋舰和“广甲”号无防护巡洋舰就落后于全队，始终徘徊在阵形之后。北洋水师与日本“联合舰队”接近时，由于左翼势必是最先遇到日本舰队的位置，为躲避战斗，方伯谦指挥“济远”号防护巡洋舰从北洋水师阵形之后向右翼方向闪避，连带僚舰“广甲”号无防护巡洋舰与之一起行动，使得北洋水师一开始就丢失了一个小队的战力。

日本“第一游击队”攻击右翼的“超勇”号撞击巡洋舰、“扬威”号撞击巡洋舰时，已经躲避至右翼附近的“济远”号防护巡洋舰和“广甲”号无防护巡洋舰又立刻向较为安全的左翼躲避。

到北洋水师左翼各艘军舰开始围攻日本“比睿”号铁甲舰、“赤城”号炮艇等军舰时，“广甲”号无防护巡洋舰始终没主动参加战斗，而“济远”号防护巡洋舰也依旧观望。

15 点 30 分，“致远”号防护巡洋舰沉没，北洋水师左翼方向成为日本军舰攻击的重点，位于左翼的“济远”号防护巡洋舰和“广甲”号无防护巡洋舰首当其冲。此时，方伯谦故伎重演，又选择了逃跑。

更为无耻的是，方伯谦还下令“济远”号防护巡洋舰挂出了“我舰已经重伤”的信号旗，为逃跑寻找托辞。

就这样，在这场海战中，方伯谦几乎是指挥“济远”号防护巡洋舰带着“广甲”号无防护巡洋舰在战场上躲避、游荡和观战。而在北洋水师的军舰全力攻击日本军舰时，方伯谦的观望实际上是在帮日本人作战。

“济远”号防护巡洋舰选择的逃跑路线是航向战场西北方向的浅水区，再由那里逃回旅顺。大东沟、大鹿岛一带沿岸的浅水区是北洋水师天然的避风港，从后来发现的当时日本军舰“赤城”号炮艇作战时使用的海图来看，日本海军对那带沿岸的水文情况基本没有掌握，海图上并未标注沿岸一带的水深情况。

紧随“济远”号防护巡洋舰之后，“广甲”号无防护巡洋舰也选择了逃跑。目睹这一情形，“定远”号铁甲舰和“镇远”号铁甲舰上的一些水兵愤怒地向“逃兵们”射击，但仍无法阻止“逃兵”的脚步。失去“济远”号防护巡洋舰、“广甲”号无防护巡洋舰的北洋水师，左翼只剩下了一艘孤零零的“经远”号装甲巡洋舰，一臂已断。

孤雁失群的“经远”号装甲巡洋舰以及右翼第3小队“靖远”号防护巡洋舰、“来远”号装甲巡洋舰之后也相继离开战场，向大鹿岛方向的浅水区驶避，海面战场上北洋水师实际只剩下了由“定远”号铁甲舰与“镇远”号铁甲舰组成的第一小队。战场态势几乎就在瞬间发生了急剧恶化，北洋水师预先设定的作战队形崩溃，战局至此已没有挽回的余地。

更为令人愤怒的是，“济远”号防护巡洋舰在逃跑过程中竟然撞上了北洋水师的“扬威”号撞击巡洋舰。当时，受困于大火、舵机失灵的“扬威”号撞击巡洋舰也正在努力往浅水区航行，试图灭火自救。“扬威”号撞击巡洋舰没有被日军炮火击沉，却做梦也没想到会被己方急于逃命的“济远”号防护巡洋舰撞沉。

“济远”号防护巡洋舰高速撞上了重伤的“扬威”号撞击巡洋舰，随即毫不留情地离去。最终，“扬威”号撞击巡洋舰在挣扎着进入浅水区后不幸下沉搁浅。望着绝尘而去的“济远”号防护巡洋舰，“扬威”号撞击巡洋舰管带林履中悲愤莫名，蹈海而死。

日本第一游击队发现了北洋水师中出现的溃逃情况。坪井航三指挥第一游击队的4艘军舰转舵向西北方向进行追击。这时，他完全抛开了伊东佑亨。

对于历时已经3个多小时的海战，大东沟口这块血火交融的海战场似乎也有些倦怠。这时，北洋水师仅剩下“定远”号铁甲舰、“镇远”号铁甲舰还坚守在战场上。它们的对手是“松岛”号防护巡洋舰、“千代田”号装甲巡洋舰、“严岛”号防护巡洋舰、“桥立”号防护巡洋舰和“扶桑”号铁甲舰等5艘日本“本队”军舰。

身遭重创的“松岛”号防护巡洋舰不愿意放弃眼前诱人的目标，开始竭力使用未受太大损失的右舷火炮向“定远”号铁甲舰和

清军沉没的“扬威”号撞击巡洋舰

“镇远”号铁甲舰射击，力争击沉“定远”号铁甲舰和“镇远”号铁甲舰。

对于日本而言，击沉“定远”号铁甲舰和“镇远”号铁甲舰与其说是出于单纯的军事目的，不如说是大和民族对中华民族卫国支柱的嫉恨，因为这两艘铁甲舰已给了大和民族心理上的阴影。虽然旗舰已经挂出了“不管”的旗语，日本本队后续的军舰大都仍然按旗舰“松岛”号防护巡洋舰前进的方向跟进，采用右舷炮高速射击。

在“松岛”号防护巡洋舰之后的“千代田”号装甲巡洋舰是装备有水线带装甲的装甲巡洋舰，生存力相对较强。为了提高火炮的命中率，舰长内田正敏大胆地下令掉转航向，脱离本队的序列，向北洋水师的“定远”号铁甲舰和“镇远”号铁甲舰接近。

见“千代田”号装甲巡洋舰自我行事，“桥立”号防护巡洋舰也加以效仿。在舰长日高壮之丞指挥下，“桥立”号防护巡洋舰脱离了本队序列，进一步接近“定远”号铁甲舰和“镇远”号铁甲舰。顿时，落单的2艘北洋水师铁甲舰被几艘日本军舰包围了，日本军舰上“打沉‘定远’、‘镇远’”的口号喊得震天响。

“定远”号铁甲舰和“镇远”号铁甲舰同时遭到日本本队5艘军舰围攻，意味着将有多达30门120毫米口径的速射炮不停地向它们射击，其中还夹杂有大量320毫米、240毫米等大口径火炮的攻击。这是开战以来“定远”号铁甲舰和“镇远”号铁甲舰所遇到的最猛烈的炮火攻击。

狭路相逢，“定远”号铁甲舰和“镇远”号铁甲舰已经逃脱不了一场恶战。但双方的舰船数量不成对比，在火力方面，“定远”号铁甲舰和“镇远”号铁甲舰也彻底居于下风。

已经经历了3个多小时激烈战斗的“定远”号铁甲舰和“镇远”号铁甲舰，此时弹药供给十分匮乏。据幸存者回忆：“‘镇远’号装甲舰150毫米口径火炮的148发炮弹已经打光，剩下的只有305毫米口径火炮用的25发穿甲弹，一发榴弹都没有。‘定远’号铁甲舰也陷于同一悲境。再过30分钟，我们的弹药将全部用尽，只能被敌人置于死地。因为敌舰是能行驶17节且操纵自如的快船。对此，要想以我迟缓的巨舰进行冲撞是不可能的。我们虽注意射击，但现在已无一枚榴弹，不能予敌以多大危害。”

更为严重的是，“定远”号铁甲舰和“镇远”号铁甲舰赖以克敌制胜的主要武器在长时间战斗中损失严重，一直处在露天状态作战的305毫米口径主炮几乎都受了损伤，“定远”号铁甲舰剩余3门炮可以继续发射，“镇远”号铁甲舰则仅剩2门炮能够使用。

在密集疯狂的炮火打击下，“定远”号铁甲舰和“镇远”号铁甲舰先后数度燃起大火。两艘铁甲巨舰互为依靠，一面救火，一面继续射击，没有流露丝毫怯意，最后“定远”号铁甲舰和“镇远”号铁甲舰几乎完全停止航行，静止了下来，与日本军舰抗衡。“定远”号铁甲舰和“镇远”号铁甲舰仿佛是一对北洋水师的柱石，最终守住了北洋水师在这次海战中的底线。

面对“定远”号铁甲舰和“镇远”号铁甲舰厚厚的装甲，日本“本队”的5艘军舰均束手无策。原本不可一世、认为胜利唾手可得的日本官兵，在经历了1个多小时反复炮击后，发现并没能给“定远”号铁甲舰和“镇远”号铁甲舰造成多大伤害。北洋水师两艘铁甲舰在弹雨中没露出一点惧色，依然一副奉陪到底的无畏姿态。此时，日本官兵大都有些无奈和绝望了——他们认为面对的“定远”号铁甲舰和“镇远”号铁甲舰是永远不可能沉没的。

★水兵马吉芬回忆海战

当完成第24发射击，正准备装填下一发炮弹时，可能是限位装置（阻劈螺丝或阻劈铁链）损坏，横楔式炮闩突然脱落，火炮作废无法使用。炮手们被命令补充到305毫米口径火炮炮台上作战，正当他们离开150毫米口径火炮炮塔时，一枚从日本军舰射来的大口径炮弹击中了他们刚刚离开的地方，150毫米口径火炮炮塔内顿时充满飞散的破片……

在弹药和炮位双重短缺的桎梏下，“定远”号铁甲舰和“镇远”号铁甲舰的射速变得极为迟缓。即便如此，“定远”号和“镇远”号仍然势如泰山，岿然屹立，缓慢但有节奏地发炮进行还击，显得异常地坚强、执着。

兵败黄海

距离炮声隆隆的黄海大东沟海战主战场不远，日本第一游击队的4艘新锐巡洋舰不久就追上了“经远”号装甲巡洋舰、“靖远”号防护巡洋舰和“来远”号装甲巡洋舰。

16点16分左右，日本第一游击队注意到北洋水师“靖远”号防护巡洋舰的桅杆上挂出了一组旗语，同时原本朝向西北的航向也发生改变，舰艏开始指向东北。很快，“来远”号装甲巡洋舰也跟着转向。“靖远”号防护巡洋舰和“来远”号装甲巡洋舰向东北方的小鹿岛方向高速离去。而“经远”号装甲巡洋舰则被抛弃在虎视眈眈的日本第一游击队的炮口前。

“经远”号装甲巡洋舰管带林永升与“致远”号防护巡洋舰编在一队，曾与“定远”号铁甲舰等军舰合击过日本军舰“比睿”号铁甲舰、“赤城”号炮艇，并一度准备向“比睿”号铁甲舰发起“跳帮”作战。

与“致远”号防护巡洋舰管带邓世昌一样，林永升也异常刚烈。海战开始前，他即下令撤除各舱口的木梯，以示誓死作战。“致远”号防护巡洋舰沉没后不久，“经远”号装甲巡洋舰曾主动出阵向日本第一游击队挑战。在激烈的交火中，“经远”号装甲巡洋舰的司令塔观察口被击中，管带林永升头部中弹，不幸殉国。

由于“济远”号防护巡洋舰、“广甲”号无防护巡洋舰逃离战场，“经远”号装甲巡洋舰孤处左翼，舰体受创，管带阵亡，大副陈荣指挥转舵退出战场，但绝不是为了逃跑，而是意在随众到浅水区自救。因“济远”号防护巡洋舰、“广甲”号无防护巡洋舰与“靖远”号防护巡洋舰、“来远”号装甲巡洋舰等友舰的离去，单枪匹马的“经远”号装甲巡洋舰很快陷入了一场残酷程度极为罕见的恶战中。

日本“吉野”号防护巡洋舰的高航速，使“经远”号装甲巡洋舰无法超越脱离。十几分钟后，即16点48分，“吉野”号防护巡洋舰已经从“经远”号装甲巡洋舰的左后方逼近，并在3300至2500米的距离连续开炮射击。

“吉野”号防护巡洋舰装备有测距仪，在火炮测距上占有极大优势。逼近到距离“经远”号装甲巡洋舰1800米时，“吉野”号防护巡洋舰猛烈射击，且火炮命中率相当高。

从16点48分至17点03分，“经远”号装甲巡洋舰遭到了仅次于“定远”号铁甲舰、“镇远”号铁甲舰遭受到的高强度打击，然而“经远”号装甲巡洋舰的防护力毕竟不及真正的铁甲舰。

17点03分，“经远”号装甲巡洋舰左舷的水线带装甲被击中。中弹部位刚好在装甲带的拼合处，装甲带立刻发生破裂及至部分脱落，甚至可以从“吉野”号防护巡洋舰上看到“经远”号装甲巡洋舰裸露出来的钢梁肋骨。“经远”号装甲巡洋舰的主甲板上很快又燃起大火。全舰被大火围困，浓烟滚滚，海水从水线带装甲的裂口大量涌入“经远”号装甲巡洋舰内，舰体无可挽回地向左发生着倾斜。“经远”号装甲巡洋舰的大副陈荣、二副陈京莹身先士卒，冲到主甲板上指挥救火抢险。陈京莹被一枚弹片击中，壮烈殉国。

这时，日本“高千穗”号防护巡洋舰、“秋津洲”号防护巡洋舰、“浪速”号防护巡洋舰等军舰也追赶了上来，并随即对“经远”号装甲巡洋舰发炮开火。早已成为熊熊火海的“经远”号体不断地向左倾斜，指挥官或指挥御敌，或指挥救火，前仆后继，纷纷殉国。

“经远”号的轮机舱里，已经没任何生还希望的官兵们还在努力完成自己的工作，大副陈荣则在司令塔竭力驾驶着战舰往东北方向的浅水区撤退，然而一切已经成了定局。17 点 25 分，连续遭受半个多小时饱和炮击的“经远”号再也无法支撑，舰体向左侧不断倾斜，右侧舰底的螺旋桨渐渐露出了水面，军舰的侧倾逐渐到达可怕的 90° 角。而此时，日本军舰的炮火还在不断地倾注到“经远”号上。“经远”号的舰艏部位燃起了更大的火灾。4 分钟后，“经远”号向左侧翻转，倾覆到了海中。北洋水师损失了第四艘战舰。

“经远”号装甲巡洋舰沉没后，全舰官兵仅 16 人获救。大副陈荣在军舰沉没前一刻跳海自尽。

随后，日本“第一游击队”又开始转向东北，直指在大洋河口附近灭火修理的“靖远”号防护巡洋舰和“来远”号装甲巡洋舰。

17 点 45 分，在日本战舰第一游击队即将逼近“靖远”号防护巡洋舰和“来远”号装甲巡洋舰的那一刻，远处海战主场上的联合舰队旗舰“松岛”号防护巡洋舰升起了一组旗语，命令其“返回本队”！宣布之前放弃指挥的旗舰“松岛”号防护巡洋舰此时恢复了指挥。伊东佑亨考虑到夜幕即将降临，担心如果继续进入夜间交战，日本军舰在炮火使用和编队上将会出现混乱，同时深恐北洋水师的鱼雷艇借助夜色发起偷袭。为确保既得的战果，他决定结束战斗。

大东沟海战终于落下帷幕。大东沟海战历时 5 个多小时，其规模之大、时间之长，为近代世界海战史上所罕见。大东沟海战是世界海军进入钢铁蒸汽化时代以后规模空前的一次海战，深刻地影响了世界海军发展的方向。

在这次海战中，日本联合舰队 121 人阵亡、175 人受伤，中途退出战场的有“西京丸”号巡洋舰、“比睿”号铁甲舰以及遭到重创的旗舰“松岛”号防护巡洋舰。

相比而言，北洋水师的损失显然惨重得多，不仅损失了“超勇”号撞击巡洋舰、“扬威”号撞击巡洋舰、“致远”号防护巡洋舰、“经远”号装甲巡洋舰等 4 艘军舰，而且“定远”号铁甲舰、

“镇远”号铁甲舰、“靖远”号防护巡洋舰、“来远”号装甲巡洋舰等4艘军舰也遭到重创。提督衔记名总兵邓世昌以下官兵715人阵亡，122人受伤。

随后，北洋水师高速回航旅顺。“致远”号防护巡洋舰、“经远”号装甲巡洋舰、“超勇”号撞击巡洋舰、“扬威”号撞击巡洋舰4艘军舰沉没，所有的人都非常痛心，北洋水师提督丁汝昌甚至晕倒在地。

9月18日6点，天已大亮，北洋水师到达旅顺口。丁汝昌被人抬下“定远”号铁甲舰。他布置各舰入坞修理后，便不得不再次考虑如何向李鸿章汇报战况。

接着，丁汝昌向李鸿章发出一封有关战况的电报。在电报中，丁汝昌讲了北洋水师的损失，同时声称击沉了3艘日本战舰。

接到丁汝昌的电报后，李鸿章即刻回电：“此战甚恶，何以方伯谦先回？”丁汝昌心里一惊。此次海战，绝对谈不上胜利，失败原因最起码有5条：

1. 指挥。一开始，丁汝昌就受了伤，整个舰队便失去了指挥；

2. 变阵。虽是平时操演过的，但真正临敌，“勇者过勇，不待号令而争先；怯者过怯，不守号令而退后，队形焉能不乱”；

3. “济远”号防护巡洋舰和“广甲”号无防护巡洋舰临阵逃脱，造成军心动摇；

4. 军舰航速落后，弹药供应不足；

5. 训练水平和装备水平低下。

但是，丁汝昌不能如实上报。因为他的责任无疑占一大半。弹药供应不足是张士珩的罪过，而张士珩是李鸿章的外甥。说来说去，只有“济远”号防护巡洋舰和“广甲”号无防护巡洋舰临阵逃脱可做一篇参奏的材料。而“广甲”号无防护巡洋舰管带吴敬荣和丁汝昌是同乡，也要曲意回护。既然李鸿章问到方伯谦，丁汝昌就顺水推舟，把主要责任推到了方伯谦身上。

9月20日，丁汝昌伤势恶化，头脚皆肿，两耳流血，便电告李鸿章，请在林泰曾、刘步蟾中择人暂代职务。李鸿章选择了刘步蟾。然后，丁汝昌第二封电报飞到李鸿章的案头：“……当酣战时‘济远’号首先退避，将队伍牵乱，‘广甲’号随逃，若不严行参办，将来无以儆效尤而期振作。余船请暂免参，‘定远’号、‘镇远’号异常苦战，自昌受伤后，刘镇步蟾尤为出力……”

李鸿章

丁汝昌这份报告把整个海战失败的责任全推到方伯谦一人身上。李鸿章接电后，也没去深究海战失败的真正原因在何处，立即奏请将方伯谦以临阵脱逃罪名正法，吴敬荣虽然随同逃跑，因丁汝昌称其“尚明白可造”，革职留营，以观后效。9 月 24 日清晨，方伯谦被从床上拖出，押到黄金山下大船坞西面的刑场上斩首。

黄海大战同一天，清军在朝鲜陆地战场的防线也完全崩溃。叶志超率队从平壤撤退，狂奔 500 里，直到渡过鸭绿江，退入中国境内，才收住阵脚。平壤失守，震动朝野。

根据情报，日本将派大队进犯。9 月 28 日，李鸿章命令丁汝昌和旅顺守将加强炮台守备，尤其注意金州各岛左右，严防敌人犯旅顺后路，毁我船坞。海军加紧修舰，择其可用者常出口外，靠山巡查，略张声势。10 月 2 日，李鸿章再次电告，“定远”号铁甲舰和“镇远”号铁甲舰加紧修理，数日内出海，使敌运兵船不得深入。

日本军舰的大炮攻击清军的岸边炮台

10月4日，李鸿章再次电令“定远”号铁甲舰和“镇远”号铁甲舰早日出海游弋。可是，北洋水师毫无动静。

10月9日，光绪皇帝下了一道严厉的上谕。丁汝昌不得不宣布返回舰队视事。10月16日，诸舰修理竣工。10月18日17点，“定远”号铁甲舰和“镇远”号铁甲舰出海测试。此时，距离黄海大战，整整一个月。

黄海大战获胜使日本举国上下欣喜若狂。天皇颁布敕令，嘉奖有功官兵，还亲自谱写军歌《黄海的大捷》——“忠勇义烈之战，击破敌之气势，使我日旗高照黄海之波涛……”军方加紧休息，9月22日深夜，日本各舰抢修完工。

这天下午，伊东佑亨命令“浪速”号防护巡洋舰和“秋津洲”号防护巡洋舰前往威海、烟台、大连湾、旅顺口一带侦察。本队和第二游击队则于23日17点出港，同时派“磐城”号炮艇、“小鹰”号鱼雷艇及23号鱼雷艇前往鸭绿江口测量航道，为下一步侵略做准备。

★李鸿章气急

9月18日凌晨，“济远”号防护巡洋舰首先驶抵旅顺。方伯谦上报战况称，“济远”号防护巡洋舰艏漏水，火炮均坏，不能发射，所以退出战场。余船仍在交战，情况不明。旅顺的人们这时才知道，中日海军9月17日中午已进行了一场惊心动魄的海上会战。

营管处道员龚照玙立即把情况电告李鸿章。

半夜三更，李鸿章还没睡。几个小时前，他得知兵败朝鲜时，正在直隶总督衙门与众幕僚商讨对日战争。看到这则电文，他几乎是暴怒了，三下两下撕碎电文，一脚踢翻茶几，几只茶杯“哗啦”一响，碎了一地。李鸿章气得满脸通红，胡子乱抖，大骂道：“真是一群废物！饭桶！与敌人旗鼓相当，却败得如此迅速！”

第五章
北洋悲歌

旅顺陷落

经过一个月的准备，10 月 23 日上午 8 点，日本联合舰队全体出航，护送 16 艘运兵船驶出大同江口；24 日早晨 6 点 30 分，抵达登陆点花园口。

花园口是辽东半岛南岸一个不太引人注目的港口，散落地住着 40 来户居民，西南距金州 80 公里，距大连湾 100 公里，距貔子窝 37 公里。日军从这里登陆，东可进攻岫岩州、九连城、安东，西可

在花园口登陆的日军登陆艇

北洋海军“靖远”号防护巡洋舰

进攻金州，袭击大连湾、旅顺口的后路。

日本部队在花园口登陆时，北洋水师竟然毫不知情。25 日晨，日本 2 艘战舰驶至威海口外，故作疑兵。北洋海军刚一出击，敌舰旋即退走。10 月 28 日，李鸿章命丁汝昌前往大连湾大孤山一带，探明日本战舰登陆的情况。丁汝昌率领 6 艘军舰和 2 艘炮艇，行至东北河，以军舰过于单薄为由，又说要修理“定远”号铁甲舰和“镇远”号铁甲舰的锚机，便折回了旅顺。

11 月 3 日，日军第一师团由貔子窝出发，西攻金州。6 日，日军占领金州。7 日，日军进攻大连湾，驻守大连湾的总兵赵怀业望风披靡，将北洋水师经营多年、筑有大批坚固炮台的大连炮台拱手让给了日本人。就这样，旅顺口后路防御俱失，清朝海军的战略基地——旅顺口完全暴露在了日军的炮口之下。

这一天，恰好是慈禧太后的“六旬万寿庆典”。主战大臣纷纷要求压缩庆典规模，户部也曾上疏请停止颐和园修缮工程。但慈禧太后怒不可遏，恶狠狠地说：“今天让我不高兴的人，我将让他一辈子不高兴。”于是，谁也不敢提战场前线的事，谁也不敢提压缩庆典规模，谁也不敢提停止修建颐和园。

前方吃紧，请求援兵的电报不断。没人敢将这些电报呈给慈禧太后，慈禧太后也不过问这些。不仅如此，慈禧太后还赏李鸿章听戏 3 天。李鸿章是知道战局越来越不利的。他实在听不下戏去，第二天就找借口回到了寓所。

他又急又气。因为他早已奏准调山东陆军章高元部渡海援助辽东半岛的清军，章高元部却因粮饷、车马等琐事迟迟未能集结。章高元奉旨后竟拖延十几天不能启程，直到旅顺陷落前一天，章高元部才在海军护送下登上辽东半岛。

“以北洋一隅，搏倭人全国之力”，李鸿章此时比任何人都清楚，他和北洋水师面临着什么。“万寿节”次日，在接到光绪皇帝“力图援救旅顺”的圣旨后，李鸿章立即发电给刚刚撤回刘公岛的丁汝昌：“旅顺警急……寇在门庭，汝岂能避处威海，坐视溃裂？”

李鸿章命令丁汝昌立即带 6 艘军舰到大沽，和他面商去旅顺拼战救援事宜。“即刻起碇，勿迟误”。这是他的最后一搏。尽管他不愿意与日本人打仗，但光绪皇帝逼得紧，他不得不忍痛去拼一回。

对于丁汝昌来说，这一搏同样残酷。无论在战场上还是官场上，他都已焦头烂额。11 月 10 日，丁汝昌率舰队到达天津，与李鸿章及其德国助手汉纳根商讨军事行动。汉纳根认为，军舰护送运兵船去旅顺，会给海军机动带来牵制，运兵船也难保护。丁汝昌不愿护航，宁愿率领 6 艘军舰开赴旅顺口巡游，遇敌即击，相机进退。

在金州城内旧都统衙门前，日本第二军司令部将校合影

天津会商决定，丁汝昌率舰回防旅顺，原定护航任务改由商轮运往营口登陆。但当大连湾失守、日本战舰在旅顺口外游弋的消息已经证实后，汉纳根力主“军舰不可冒险去旅顺”，建议仍回威海。同一天，光绪皇帝降旨，严令要确保“定远”号铁甲舰和“镇远”号铁甲舰的安全，“倘两舰有失，即将丁汝昌军前正法”！

不过，丁汝昌还是遵照李鸿章的命令，在11月13日率领6艘军舰抵达旅顺。6艘军舰刚刚系泊，丁汝昌就听说旅顺的芋头洼、小平岛一带海面有日本鱼雷艇活动。因恐失事，他当夜就带着6艘

日军在大连湾一处炮台内的营房

军舰返回威海。这是北洋水师和它的战略基地旅顺口的诀别。

11 月 14 日晨，薄雾蒙蒙，“定远”号铁甲舰和“镇远”号铁甲舰一前一后相继驶入刘公岛北海口。此时，站在“镇远”号铁甲舰驾驶台上的北洋水师左翼总兵林泰曾正观察因布水雷而设置的航道标志，忽然，他感觉到船身猛烈震动了一下，紧接着又是一下——船很快倾斜，开始下沉。仿佛气数已尽，这艘在大东沟海战中受伤千处都不曾沉没的铁甲舰竟然在自家门口触上岛嘴的礁石而沉没。

“镇远”号铁甲舰被擦开了 8 道裂口。官兵们已经拼死把漏洞堵住。林泰曾是个性格内向的人，他感到事故后果严重，又担心别人认为他畏战而故意制造事故，精神一下子垮了。11 月 16 日晨，林泰曾服毒自杀。

“镇远”号铁甲舰触礁事故后，原本力量已很单薄的北洋水师再也不敢出海作战。这天，光绪皇帝以旅顺告急、丁汝昌统带北洋水师不得力为由，革去丁汝昌的尚书衔，摘去顶戴，让丁汝昌戴罪立功，以观后效。

11 月 17 日，休整了 10 天的日军向旅顺口发起了进攻。

旅顺口，北洋水师苦心经营长达 10 年之久，曾被称为远东第一军港。港口周围部署有 20 多座各式炮台，150 多门火炮。在李鸿章看来，“有充足的弹药、军粮，有优良的火炮和北洋水师的声援，旅顺口可以坚守三年”！可是，他意想不到，旅顺前敌营务处兼船坞工程总办龚照玙贪生怕死，跑了。

主帅一走，清军大乱。日军一路势如破竹。21日晨，日军分左右翼两个纵队向旅顺口发起总攻。清军仅坚持了6天就全线失守。

日军占领旅顺后，其侵略者残暴的一面表现得淋漓尽致。日军在旅顺进行了震惊世界的旅顺大屠杀。日军持续屠杀了整整4天3夜，在旅顺口未及逃离的人几乎被斩尽杀绝。

11月24日，旅顺失守的消息传到北京，朝野一片惊恐。慈禧太后亲自召见大臣们，决定将李鸿章革职留任，摘去顶戴，着迅赴大沽、北塘等处巡阅布置。

此时，参劾丁汝昌的奏章更是多如雪片。光绪皇帝遂于12月

龟井兹明拍摄的旅顺大屠杀

17日发布上谕，将丁汝昌交刑部治罪。这件事差点激起哗变。最后不得已，光绪皇帝改为“俟经手事件完竣，即行起解，不得再行渎请”。经李鸿章幕后活动，丁汝昌总算保住了。

★旅顺大屠杀

1894年11月21日，日军攻占“东亚第一堡垒”旅顺口后，进行灭绝人性的4天3夜大屠杀，短短4天就杀害了市内群众2万人，只有埋尸的36人幸免于难。

一名英国海员在回忆录《旅顺落难》里写道：“……断头的、腰斩的、穿胸的、破腹的，搅成一团，池糖里的水搅得通红一片……一路上那枪声、哭喊声交杂着。满地血肉模糊，残肢断体，铺满道路。”

英国人艾伦在他的《龙旗翻卷之下》中写道：“日军用刺刀穿透妇女的胸膛，将不满两岁的幼儿串起来，故意举向高空，让人观看。”

威海危机

占领旅顺后，日本内部一派主张在辽东扩大战果，派兵在山海关登陆，威胁北京，逼使清朝投降；以首相伊藤博文为首的一派则认为，如果直隶作战取得成功，清国必定满朝震惊，暴民四起，土崩瓦解，并陷入无政府状态，从而引起列强干预。另外，冬季作战，交通不便，即使占领北京，清朝政府瓦解，但日本也失去了和谈对手，在政治策略上反而不利。

据此，伊藤博文向日本战时大本营提出，在辽东半岛坚持冬季宿营，以陆军之一部及整个舰队进攻威海卫和台湾岛，以消灭北洋水师主力，控制台湾岛。

日本战时大本营同意了伊藤博文这一作战构想。12 月 4 日，日本战时大本营决定，由第二军第二师团和第六师团合编成山东作战军，在日本联合舰队配合下，进攻威海，消灭北洋水师。

经侦察，日军将山东半岛东端的荣成湾选作登陆地点，并计划从 1895 年 1 月 19 日开始实施在荣成湾的登陆计划。这一情报为清朝政府获悉。

光绪皇帝命令李鸿章、山东巡抚李秉衡飞饬各防军昼夜逡巡，实力严防，不得稍有疏虞；命令海军“设法调度，相机迎击，以免坐困……

12 月 16 日，光绪皇帝再次电令李鸿章、李秉衡分饬各将领，昼夜侦探，务当遇贼即击，勿蹈貔子窝覆辙。可是，前线除了戴宗骞下令禁止威海、成山头附近民船下海，并命海防队轮流巡守外，别无其他布置。

12 月 19 日上午 9 点 15 分，日本海军起锚出航。午后，装载着陆军第二师团 15000 人的运兵船也逐次出发。

20 日凌晨，龙须岛大西庄的清军发现敌船，当即以两磅小钢炮轰击，击沉 1 艘汽艇，其余的被迫返回。随即，日军 10 余艘军舰靠岸轰击，守岸清军兵少力弱，坚守不住而撤离。

日军第二师团在荣成湾登陆

日军连续炮击两小时后，其第二军第二师团开始登陆，向西南方向进犯。20日15时，日军占领荣成县城。

12月21日，首批日军登陆完毕。12月23日，第二批日军、第三批日军也登陆成功。此时，日军总兵力达34600人、3800匹战马。

日军在荣成湾登陆后休整了5天。12月25日，日本山东作战军司令官大山岩抵达荣城。随即，日军兵分两路，向威海进犯。

右路由第六师团黑木为桢指挥，沿荣成至威海的大路进犯威海的南帮炮台；左路由佐久间左马太指挥，沿荣成到烟台的大路，从虎山北上，进攻杨家滩，切断南帮炮台清军的后路，然后与右路会合。两路敌军先后向白马河方向进发。

当时驻守白马河一带的清军由总兵孙万林指挥正面狙击敌人；阎得胜（此时隶属孙万林指挥）率5营河防军移军桥头村，从侧翼截击和包抄敌人；总兵刘树德率2营绥军驻守孟家庄，在兴隆山和桥头北山修建临时炮台，接应孙万林军。

1月25日19点，日军先头部队行至白马河东岸。孙万林趁着日军立足未稳之机，迅速发起攻击。当天是农历除夕，夜色漆黑，日军利用行军探照灯寻找和攻击清军。孙万林指挥清军在临时构筑的工事里，利用日军灯光的指引，寻找机会攻击他们。

但是，清军内部腐败，在战场上，除了少量英勇善战外，很多官兵的行为令人难以恭维。孙万林指挥清军与日本人战得正酣时，阎得胜竟然擅自率领所部逃跑了，刘树德所率领的 2 营绥军也观望不前，不久以他调为借口离开了阵地。

这样，孙万林不仅没有支援力量，就连他属下的官兵也有一半多离开了战场。不过，孙万林是清军将领中的精英，亲自率领 1200 余人孤军奋战两小时，最终打败了三倍于己的日军。

日军不支，狼狈溃逃至东豆山一带。不久，日军大部队赶来。孙万林军寡不敌众，被迫向羊亭转移。就这样，威海门户洞开。日军从陆地上对威海形成了战略压力。

1895 年 1 月 30 日，日本联合舰队主力舰队和第一游击队、第二游击队驶抵刘公岛外海面，开始了海上进攻。

日本陆军左纵队分左翼和右翼，向威海南帮炮台南侧的虎山和南虎口村以及北虎口村发动进攻；右纵队分左翼、右翼和预备队三部分，其右翼部队沿海岸佯攻南帮炮台正面，左翼部队企图以优势兵力一举攻占南帮各炮台。

1895 年 1 月 30 日凌晨，日军右纵队左翼部队向摩天岭发动进攻。摩天岭的清军守军为新兵，由营官周家恩指挥。周家恩挥师力战，杨峰岭守军发炮配合，结果日军尸横山坡。日军志在必得，不顾伤亡继续前进，不久进入了雷区，死伤惨重。

清军守军成功地击退了日军的两次进攻，自己亦伤亡过半。周家恩身中数弹，仍率余部十名士兵坚守阵地。敌人发起第三次进攻后爬上炮台，但又被周家恩率领部下击退。愤怒的日军以排炮集中轰击摩天岭。结果，山林俱焚，清军守军全部牺牲。日军踏着一片焦土占领了摩天岭。

日军攻占摩天岭以后，掩护陆军左纵队右翼队向杨峰岭发起进攻。杨峰岭的清军守将为陈万清。陈万清奋勇督战，士气极为旺盛，连续打退日军数次进攻。

激战三小时后，日军伤亡惨重，畏惧不前。为了占领杨峰岭，日军动用山炮轰击。清军守军牺牲逾半，最后陈万清只好下令撤离炮台。至此，南帮炮台失去了后路屏障作用。

与此同时，日军左纵队左翼队从温泉汤出动，全力进攻虎山。此时驻守虎山的 2 营绥军也奋勇杀敌，步炮密切配合。日军伤亡惨

杨峰岭炮台外景

被日军攻陷后的摩天岭堡垒炮台

重。但是，由于贪生怕死的指挥官刘树德弃军逃窜，绥军遂自行溃散。虎山被日军占领。

在杨峰岭得手后，日军继续前进，向龙庙嘴进犯。南岸统领总兵刘超佩毫无御敌准备，只顾个人逃命。他统属的水雷营学生也闻风逃散。结果，清军防线出现了大漏洞，日军一路高歌，势如破竹。炮台守军虽然英勇抵抗，但寡不敌众，都壮烈牺牲。日军迅速占领龙庙嘴，并利用那里的岸炮对北洋水师的军舰开炮。

另一路日军也轻易地攻占了杨峰岭东北的百尺崖炮台和所城北炮台。至此，南帮仅剩下皂埠嘴一处炮台。

皂埠嘴炮台是威海最大的炮台，设有 5 门大炮。如果这一炮台落入日军手中，将被用来轰击刘公岛、日岛和威海海湾中的北洋水师，将会给驻扎在威海卫的北洋水师以致命的打击。

1895年1月30日上午，日军海军和陆军夹攻皂埠嘴炮台。丁汝昌没有组织清军顽抗，却派人前往皂埠嘴炮台，准备在情况危急时毁掉炮台，避免炮台沦落到日本人手中后给清军造成更大威胁。但守将刘佩超不同意毁掉炮台，认为坚守炮台尚存希望，因而率领部下顽强抗击日军。

日本海军和空军夹攻，皂埠嘴炮台的守军根本不是对手。眼看炮台不保，丁汝昌再次派敢死队员乘坐鱼雷艇冒着弹雨登上炮台，抢在日军登上炮台之前点燃了地雷引线，同时强令刘佩超率领残部撤退。

占领龙庙嘴炮台的日军利用清军重炮与北洋水师炮战

结果，日军在皂埠嘴炮台上刚把日本旗竖起来，“炮台突然坍塌，台上日本兵飞入空中”。而丁汝昌派出的敢死队“艇亟退，而巨石盘空下，当泊艇处坠水，激波入空际，退稍缓，人艇并碎矣”。

仅仅一个上午，南帮各炮台就这样被日军全部占领。

清军兵败如山倒，日军则一路猛进。1895 年 2 月 1 日，日军经过激战，渡过双岛河，控制了威海以西、以北一线，完成了对威海卫城和北帮炮台的战略迂回。这样，威海的北洋水师则完全处于日本海军和陆军的包围圈之内，清军的岸炮阵地被日本陆军占领，清军失去了抵抗日本侵略军的主动权和屏障。

很快，威海卫城内的清军守军丢盔卸甲，纷纷溃散。金线顶电报局的电报员也全部逃走了，威海与外界的电信联系就此断绝。1895 年 2 月 2 日，日军兵不血刃地占领了威海卫，随即又分兵进攻北帮炮台。

在威海港湾北帮丘陵上，清军筑有北山嘴、黄泥沟、祭祀台 3 座炮台，与刘公岛的炮台相呼应，共同守卫着威海北口，那里的守军为 6 个营的绥军，其中有 1 个营为水雷营，统领为戴宗骞。戴宗骞的绥军原有 6 个营，但在南帮炮台保卫战中溃散了 5 个营，剩下的 1 个营在 2 月 1 日也哗变溃散。因而北帮炮台几乎没有守军，仅仅剩下包括戴宗骞在内的志在抗击日军的 19 人。

面对乘胜进攻的大批量日军，19 人显然难以阻挡日军进攻的步伐。为了防止北帮炮台被日军用来攻击刘公岛，丁汝昌亲自前往北帮炮台，强劝戴宗骞移驻刘公岛，并挑选卫士杨发、炮弁施辉藩、炮手戚金藻等组成敢死队，炸毁炮台和弹药库。这样北帮炮台没有抵抗一下，就自行毁掉了。

戴宗骞不服从丁汝昌的命令不行，但又觉得不战而退、自毁北帮炮台是耻辱。在到达刘公岛第二天，戴宗骞吞金自杀。至此，威海沿岸全被日军占领，刘公岛成为危如累卵的孤岛。

林泰曾

★北洋水师的“宝刀”林泰曾

林泰曾（1851—1894），字凯仕，福建侯官人（今福州市），福建船政学堂首届毕业生。在学堂学习期间，他“历考优等”。光绪二年（1876年），他被派往英国高士堡海军军官学校深造，并上英国军舰实习，巡历了大西洋、地中海等处，学习了设法、备战、布雷、枪炮等技术。留学生洋监督斯恭塞格称赞其“知水师兵船紧要关键，足与西洋水师管驾官相等”，堪胜重任，“不但能管驾大小兵船，更能测绘海图、防守港口、布置水雷”，是最为出色的学生。北洋水师正式成军时，林泰曾为北洋水师左翼总兵兼“镇远”号铁甲舰管带，加提督衔。林泰曾“性沉默，寡言笑，存心慈厚，能忍人之所不能忍”。自入北洋以来，频年巡历重洋，驾驶操练均极勤奋，为创建北洋水师出力颇多，李鸿章称他“资深学优”。他先后两次随北洋水师出访日本，给日本海军界留下了极深刻的印象，称他是北洋水师的“宝刀”。

无力回天

在日本陆军进犯威海南岸炮台的同时，日本联合舰队对北洋水师也发起了攻击。丁汝昌指挥北洋水师在威海港同敌人进行决战，多次击退敌人进攻，但最终依然无法挽回失败的命运。

1895 年 1 月 30 日，丁汝昌登上“靖远”号防护巡洋舰，率领“镇南”号炮艇、“镇西”号炮艇、“镇北”号炮艇、“镇边”号炮艇 4 艘军舰，支援坚守在南帮的清军守军，指挥各舰与刘公岛和日岛的炮台互相配合，全力守御威海港南北两口。经过一番激战，日本舰队大部分退走，只留第三游击队游弋于港外，监视着北洋水师。

随后，丁汝昌派“来远”号装甲巡洋舰和“济远”号防护巡洋舰用火炮猛轰被日军占领的鹿角嘴炮台、龙庙嘴炮台，结果将两个炮台的 8 门大炮全部炸毁。在北岸，他除了下令炸毁北山嘴炮台、黄泥沟炮台、祭祀台炮台以外，还派鱼雷艇焚毁了北岸的渡船，防止其落入日本人之手，增强日本人的战力。

1895 年 2 月 3 日，日本海军和陆军夹击北洋舰队。双方炮战异常激烈，“巨弹交迸，坠入海中，猛响如百雷齐发，飞沫高及数丈”。日本“筑紫”号巡洋舰被炮弹击中，死伤 6 人，被迫退出战场。日本“葛城”号巡洋舰中弹受伤。双方炮战了一整天，日本战舰始终没法靠近港口。炮战的激烈程度不亚于黄海大东沟之战。

2月5日夜，日军15艘鱼雷偷偷靠近威海海湾南口，对“定远”号铁甲舰、“来远”号装甲巡洋舰、“威远”号炮艇等军舰进行了鱼雷攻击。“定远”号铁甲舰被击伤。日本第9号鱼雷艇被击中爆炸，死伤8人；日本第12号鱼雷艇死伤4人；日本第22号鱼雷艇触礁倾覆。

日军这次偷袭，对北洋水师的待援计划是个巨大打击。“定远”号铁甲舰陷在泥淖之中，海水不断涌入。丁汝昌被迫离开旗舰“定

鹿角嘴炮台上的大炮

被日本鱼雷艇击沉的北洋水师“威远”号炮艇，只露出烟囱和桅杆

远”号铁甲舰。“定远”号铁甲舰管带刘步蟾大哭，欲自杀，为众人劝阻。“定远”号铁甲舰官兵只好搬往海军公所居住。北洋水师的战斗力进一步削减。

2月6日凌晨，日军重施故伎。日军5艘鱼雷艇再次进港偷袭。“来远”号装甲巡洋舰被鱼雷击中后倾覆，“威远”号炮艇和“宝筏”号布雷艇被鱼雷击中后沉没。3艘军舰共伤亡官兵200余人。

2月5日遭到了日军袭击，北洋水师2月6日却一点防范措施都没有，个别军舰的指挥官离岗了——“来远”号装甲巡洋舰管带邱宝仁和“威远”号炮艇管带林颖启竟然在2月5日晚上上岸嫖妓，整夜没回到军舰上。如此腐败和防备松懈的军队，怎么能奢望他们不打败仗呢？

2月6日下午，日本海军和占领北岸的日本陆军联合起来，再次轰击了刘公岛的岸炮和北洋水师。丁汝昌令各军舰与黄岛、刘公岛、日岛的炮台配合，向北岸的日本陆军回击，同时封锁威海港南北两口。双方炮战良久，日本军舰再次被击退。

2月7日上午7点，日军对威海卫的守军和北洋水师进行了总攻。刘公岛炮台的守军奋勇还击。据日方记载：清军炮火“命中极精确，无数炮弹飞来，在我诸舰前后左右坠落”。开战不久“松岛”号防护巡洋舰即中一弹，舰桥被击毁，烟囱被打穿，“舰队航海长高木少佐、航海士石井少尉及森少尉候补生三将校受伤”。

战至8点时，日本“桥立”号、“严岛”号、“秋津洲”号、“浪速”号防护巡洋舰这 4 艘军舰也被击伤。“吉野”号防护巡洋舰中弹，“击碎速射炮盾及第二号舢板，破坏上甲板舱室并传令管数条，2 名士兵死，4 名士兵受伤”。

与此同时，日军海军和陆军夹击日岛的炮台，只有 30 名水兵守卫着日岛的炮台。尽管他们很弱小，但他们勇猛激战，沉重地打击了日本侵略军。据日方记载：“此役，敌炮台颇能战。以 2 门大炮抗击我舰队 20 余只军舰，运转巧妙，猛射我各舰。”日本“吉野”号防护巡洋舰中弹，士兵 2 人死、5 人伤。“松岛”号防护巡洋舰被击中，航海长以下官兵 5 人伤。“扶桑”号铁甲舰 11 人死伤。

双方炮战正酣时，威海港北口的木筏门忽然打开，北洋水师的 13 艘鱼雷艇如箭般地冲了出去。伊东佑亨以为北洋舰队准备最后决战，派出鱼雷艇来冲乱日本战舰队形，不禁有些慌神。然而事实并非如此。一天前，丁汝昌曾经布置过用鱼雷艇袭击日本军舰。没想到，丁汝昌一走，“左队一”号鱼雷艇管带王平却与“福龙”号鱼雷艇管带蔡廷干等密谋，到双方炮战激烈时寻机逃跑。日本战舰发现那些鱼雷艇的意图后，立即追击。结果，有的鱼雷艇被击毁，有的鱼雷艇被捕获，只有王平等少数人逃到烟台。这些贪生怕死之辈的举动加剧了北洋水师的失败和灭亡。

就在这时，日岛上的两门大炮被击毁，火药库中弹起火。丁汝昌下令日岛上的守军撤至刘公岛。这时，港内只剩下 12 艘舰船，形势危急。丁汝昌毫不动摇，指挥各舰对日军军舰和日本陆军开炮，击中了日本“扶桑”号铁甲舰。

2月8日黎明，刘公岛上的水师学堂、机器厂、煤场及民房等都被日军炮火摧毁，港内只剩11艘战舰。丁汝昌率部竭力战斗，同时派出可靠的水手怀揣密信，凫水登岸去烟台，向登莱青道台刘含芳求援兵。但这已经来不及了。

2月9日，日本10余艘军舰到达威海港南口外，与南北两岸的陆军同时向港内发炮轰击。清军伤亡百余人。丁汝昌登上“靖远”号防护巡洋舰驶近威海港南口，与日本海军力战。刘公岛上的各炮台也猛烈发炮，实行战略配合。黄岛的炮台击毁鹿角嘴的一门日本大炮，刘公岛的炮台击伤了两艘日本军舰。交战接近中午时，“靖远”号防护巡洋舰被皂埠嘴的日本大炮击中搁浅，“弁勇中弹者血肉横飞入海”。

2月10日上午，北洋舰队击退了日本从威海港北口偷袭的鱼雷艇，继而还击了南北两岸发炮的日本军。激战3小时后，威海卫军港内的北洋水师仅存4艘战舰、6艘炮舰、1艘练舰，弹药将罄，粮食亦缺，而依然看不到援军的影子。

2月10日下午，丁汝昌派“广丙”号鱼雷巡洋舰炸沉了搁浅的“靖远”号防护巡洋舰。刘步蟾也派人炸沉搁浅的“定远”号铁甲舰。2月10日夜里，刘步蟾愤然自杀，实践了“苟丧舰，将自裁”的誓言。

此时，坐镇在天津的李鸿章心里在滴着血。由于各部队派系林立，彼此不听调遣，只能眼睁睁地看着身陷威海的北洋水师孤军奋战。

自从威海电报局被日军占领后，李鸿章就对前方情况无法系统了解，也无法系统指挥北洋水师作战了。

7 日晚，李鸿章从刘含芳处得到消息：刘公岛、日岛尚在，而大部分舰艇已丧失。9 日，丁汝昌派士兵，冒死偷渡威海，给刘含芳送去告急文书。10 日，刘含芳将之转发给李鸿章："自雷艇逃后，水陆兵心散乱。如十六、七日（2 月 10、11 日）援兵不到，则船岛万难保全。"李鸿章踌躇一日，无所措置，次日晚间，将电报转发总理衙门了事。

2 月 11 日晨，日本鱼雷艇又乘风雪偷袭威海港的南北两口，但被北洋水师击退。2 月 11 日上午 10 点时，日本又开始水陆夹击。有 10 余艘日本战舰冲进威海港南口，轰击了刘公岛的东泓炮台。

清军守军日夜苦战，疲惫不堪，但仍奋力抗击，连续击伤了日本"天龙"号巡洋舰、"葛城"号巡洋舰和"磐城"号炮艇。"天龙"号巡洋舰副舰长中野大尉血肉横飞，死伤 14 人。日本战舰被迫退去。不过，南岸的日军火炮仍然在狂轰不已。东泓炮台有两门大炮被击毁，守军伤亡殆尽。

当晚丁汝昌接到密报，得知"左队一"号鱼雷艇管带王平逃到烟台，向刘含芳谎报威海已失，刘含芳据此报告山东巡抚李秉衡，途中援兵即被调往莱州，陆军援兵不可能来了。

在北洋水师渐渐陷入绝望时，李鸿章让刘含芳带信给丁汝昌："带船乘黑夜冲出，向南往吴淞，但可保铁舰，余船或损或沉，不致赍盗……"这很明显，李鸿章指示丁汝昌带着铁甲舰弃港逃走。

不过，丁汝昌这次反常没听李鸿章的。他最后一线希望虽然破灭，但仍欲同日本人决战，他连夜召集各管带、洋员会议，毅然提出："鼓力碰敌船突围出，或幸存数艘，得抵烟台，愈于尽覆于敌。"洋员和威海卫水陆营务处提调牛昶昞等早有密谋，均不答应。丁汝昌又几次下令派人将"镇远"号铁甲舰炸沉，也无人动手。

丁汝昌见事已至此，便请了6个木匠为自己打制棺材，以示他决战到死的决心。不过，他若在丰岛海战后表此决心尚或能战胜日本，此时表决心已于事无补——败局已定，手下那些不良将领逃走的逃走，策划投降的策划投降，已经没几个人愿意听他的指挥、接受他的鼓舞了。

1895年2月12日上午，"广丙"号鱼雷巡洋舰管带程璧光自造丁汝昌署名的投降文书，乘"镇北"号炮艇悬白旗到日本"松岛"号防护巡洋舰上，向日军接洽投降事宜。得知此消息，丁汝昌服鸦片自杀，终年59岁。"镇远"号铁甲舰护理管带杨用霖、北洋护军统领张文宣不愿意投降，也随即自杀。

伊东佑亨接到投降书后，表示接受投降，并复书丁汝昌：日方将在明日受降和接缴军用物品，然后用船护送中方人员至双方认为妥善之地；建议丁汝昌前往日本，以待战争结束；要求中方在次日

10点前回复。

2月13日9点，程璧光再次来到“松岛”号防护巡洋舰上，递交复信，称丁汝昌写完复信后自杀了，要求将投降日期宽限至16日。伊东佑亨同意了，条件是必须在13日18点前由一负责北洋水师的将官去“松岛”号防护巡洋舰上，就军舰炮台及其他军器的交缴以及释放在威海的中外人员事项订立确实条款。

2月13日17点，牛昶昞作为威海卫的守军代表与程璧光到“松岛”号防护巡洋舰上谈判。双方谈判持续了5个小时，最终牛昶昞接受了日方提出的投降条件。

14日下午，牛昶昞和程璧光再次登上“松岛”号防护巡洋舰。牛昶昞以威海卫水陆营务处提调的身份，同伊东佑亨在投降书上签字，即《威海降约》。

《威海降约》共计11款，其要点是：开列岛中中外文武官员名单，以上人员须立誓现时不再预闻战事；日方许于15日正午后乘“康济”号炮艇遣返；岛上士兵须开列总数，自14日5点至15日午正止，陆续遣返；牛昶昞负责承办移交兵舰炮位之任，并将其他一切器械集中，开列清单向日方移交；日方同意“康济”号炮艇不在收降之列，拆去炮械后，供遣返中外军官及丁汝昌等人灵柩所用。

2月16日9点，程璧光又乘“康济”号炮艇来到“松岛”号防护巡洋舰上，缴出威海卫海军和陆军的投降誓书。共计5024人投

清军“康济”号炮艇

降，其中陆军 2000 人，海军 3024 人。

17 日 10 点，日本“联合舰队”正式占领威海卫港，俘获了北洋水师的“镇远”号铁甲舰、“济远”号防护巡洋舰、“平远”号海防巡洋舰、“广丙”号鱼雷巡洋舰、“镇东”号炮艇、“镇西”号炮艇、“镇南”号炮艇、“镇北”号炮艇、“镇中”号炮艇、“镇边”号炮艇等 10 艘军舰。

16 点，被卸去大炮的“康济”号炮艇，载运丁汝昌、刘步蟾、林泰曾、戴宗骞及“济远”号防护巡洋舰大副沈寿昌、“广丙”号鱼雷巡洋舰大副黄祖莲的灵柩及 1000 余军民，黯然离开威海卫基

甲午海战之后清朝重建海军的部分官兵合影

地，前往烟台。张文宣的灵柩，护军不允许用“康济”号炮艇载运，另用民船，单独启运。此时，“康济”号炮艇汽笛低回，雨雪潇潇，强大一时的北洋水师烟消云散了。

李鸿章于 2 月 16 日接到刘含芳关于丁汝昌等人自杀、北洋水师剩余舰只投降的报告，没等手下将电文念完，便觉得脑袋轰然作响，两眼金星飞舞，一下子便瘫倒在地上。他一心想保船避战，没想到战争没躲避掉，他苦心经营的北洋水师也灰飞烟灭了。

日本在消灭北洋水师后，陈兵辽宁和山东半岛，摆出一副准备进攻北京的架势。这个局面，必须有人出面来收拾。这时，日本人也愿意和谈。他们虽然胜了这一仗，但国内已是“海陆军备”“几成空虚”，无力扩大战争。但他们提出的谈判条件却异常苛刻——要中国承认朝鲜独立，然后赔款、割地、重订中日通商条约。

此时，清朝政府尴尬到了极点，抵抗没有能力，割地心里不甘，赔款没有白银。最终，谙熟与洋人谈判签订不平等条约的李鸿章又受命与日本谈判。

3 月 4 日，朝廷发布上谕，偿还李鸿章三眼花翎及黄马褂，任命他为头等全权大臣，率副使伍廷芳、李经方一同赴日本广岛议和。

4 月 17 日，李鸿章与伊藤博文在《马关条约》上签字。《马关条约》规定：

1. 中国承认朝鲜“为完全无缺之独立自主国”；

2. 中国将辽东半岛、台湾全岛及所有附属岛屿、澎湖列岛割让给日本（因俄法德三国干涉，中国以三千万两白银“赎回”辽东半岛）；

3. 中国赔偿日本费库平银2亿两；

4. 增开沙市、重庆、苏州、杭州为通商口岸；

5. 日本人得以在中国通商口岸从事工艺制造；

6. 在订约后一年内中国分两次交清1亿两赔款并重新签订通商行船章程前，日军继续占领威海卫。

消息传来，举国上下群情激愤。上至宗室王公大臣、各省抚、前敌将领，下至庶民百姓，无不把一腔怨愤洒在李鸿章身上，大有“国人皆曰可杀，万口一词”的局势。李鸿章因此而被视作中国近代最大的卖国贼。但失败的事实已经摆在眼前，李鸿章，包括光绪皇帝、慈禧太后等，不得不面对事实——北洋水师不存在了，甲午海战彻底失败了！

★北洋水师的耻辱

“镇远”号铁甲舰和“济远”号防护巡洋舰等军舰被日本海军带回日本，“济远”号防护巡洋舰等军舰被日本人拆废铁变卖。1895年6月，“镇远”号铁甲舰在横滨大修及改装完毕后，被编入日本“联合舰队”，并列为一级战斗舰。狂傲的日本人甚至连舰名也没有改。1904–1905年，“镇远”号铁甲舰同“吉野”号防护巡洋舰同被编进“联合舰队”第3舰队第5支队，参加了日俄战争中的多次海战。1911年4月1日，“镇远”号铁甲舰沦为日本海军的靶船，用以试验各种口径舰炮和鱼雷的威力。1912年4月6日，历尽沧桑的“镇远”号铁甲舰被当成废船出售，在日本横滨解体。但“镇远”号铁甲舰上的两个各重4吨的大铁锚被留了下来，作为日本海军“赫赫战功”的见证陈列于东京上野公园内。在铁锚外，还竖立着“镇远”号铁甲舰305毫米口径主炮炮弹10枚，外层还有“镇远”号铁甲舰30米长的锚链环围。

第二次世界大战日本投降后，中国驻日军事代表向驻日盟军总部提出归还“镇远”号铁甲舰铁锚的要求。1946年5月，“镇远”号铁甲舰的锚链和炮弹由中国“飞星”号轮船运回上海。1946年10月23日，中国“隆顺”号轮船又将两个大铁锚运回国，送往青岛海军军官学校陈列。